55㎡までの心地よい
コンパクト暮らし

朝日新聞出版

はじめに

「家が狭いからくつろげない」

「スペースに対してものが多いのに減らせない」

「収納が少ないから片づかない」

家が狭いことに対する不満は、誰にでもあるものです。

そこで、一般的にコンパクトなサイズと思われている家で暮らす方々を取材しました。スペースが狭いからこそのインテリアや収納の工夫、ものの減らし方や増やさないコツなどは、誰にとっても役に立つものばかりです。

興味深かったのは、コンパクトな家を選んだ理由でした。「仕事に便利な都市部に住みたかったから」「子育てと仕事を両立させるために、サポートしてもらえる実家の近くを選びました」「住宅ローンや家賃を抑えて、生活を楽しみたい」、「ものを減らしたかったので、家をダウンサイジングしました」などさまざま。共通していたのは、それぞれが自分のライフスタイルの優先順位を考えて、納得して選んでいることでした。

大切なのは、どんな暮らしをしたいのかを自分でよく考え、家族で話し合うことだと思いました。そして、取材した13軒のお宅は、自分たちが選択した「コンパクト暮らし」を工夫とアイデアで心地よい空間にしていたのです。全ての家が、ここで暮らしてみたいと思わせるような魅力にあふれていました。

この本が、「家が狭いからくつろげない」という古い価値観を変え、自分らしいライフスタイルとは何だろうと、考えるきっかけになれば幸いです。

LES DENTS
incisive
canine
petite molaire
grosse molaire
4 incisives
1 canine
5 molaires
5 molaires
1 canine
4 incisives
email
pulpe dentaire
ivoire
couronne
collet
gencive
racine
cément
alvéole
os maxillaire
CARIES
cuticule
email
ivoire
pulpe dentaire
molaires
nerf
cément
pré-molaires
veine dentaire
artère dentaire
canine
incisives
alvéole
gencive enflammée
abcès dentaire
ROSSIGNOL
11
SEPTEMBER
2001

CONTENTS

PART1

コンパクトでも心地よく暮らす人のインテリア

PART2
収納上手さんの必要なものだけがあるコンパクト暮らし

・この本は朝日新聞デジタル&w（http://www.asahi.com/and_w/）の「50㎡台までのコンパクト暮らし」との連動企画です。
・広さはそれぞれの方に確認した上で、小数点以下は切り捨てにしています。
・掲載されているお宅は個人宅であり、写っているものは全て私物です。参考までにどこで購入したかを記載したものでも、現在手に入らないものもありますので、ご了承ください。
・掲載されているお宅のアイデアは、暮らしやすさ、安全性などを考慮したうえで、個人の判断で実行しています。ご自分の暮らしに取り入れるときは、個々の家の事情を考慮し、安全性などを十分に検討して個人の判断で行ってください。
・掲載されているデータは取材時のものです。

PART1

コンパクトでも心地よく暮らす人のインテリア

スペースが狭いと、家具がいろいろ置けないし、雑貨もかわいく飾れないと、あきらめることばかり考えてしまいます。そこで、コンパクトでも素敵なインテリアを実現している9軒のお宅を取材しました。「くつろぐために、あえて大きなベッドを置きました」、「狭く見えないように、家具の配置はよく考えました」、「バルコニーをセカンドリビングにしています」など、心地よさをあきらめないアイデアはインテリアのヒントになります。

50㎡
渋谷区

インテリアのルールを超えたら本当の心地よさが実現できた

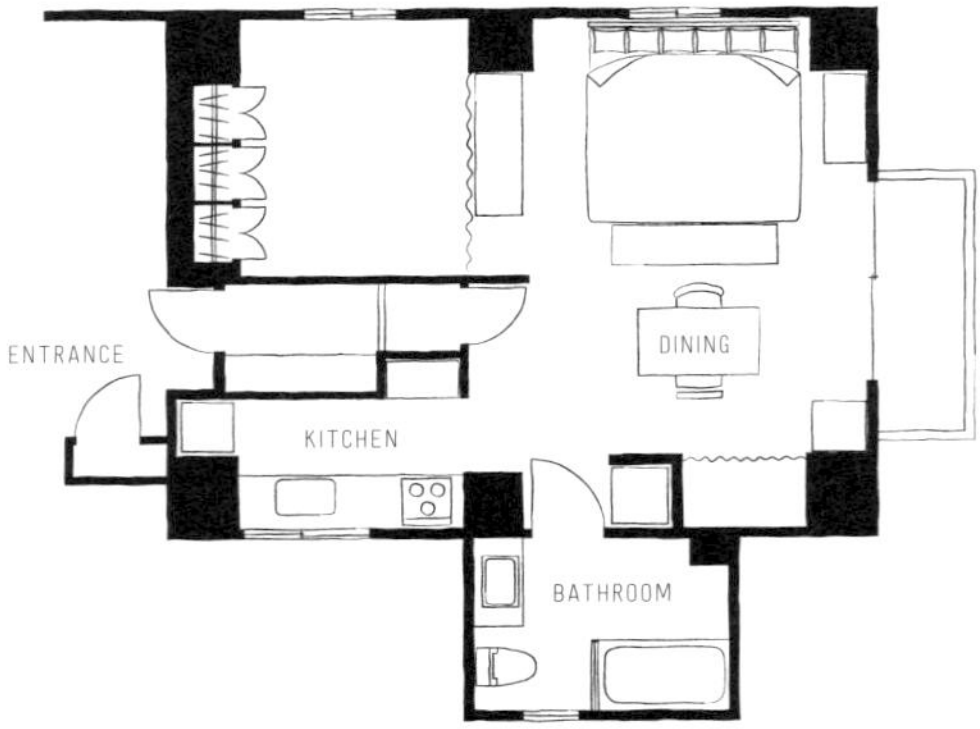

HOUSE DATA

マンション
1R・50㎡
賃貸
二人暮らし

PROFILE

大谷優依さん
インテリアスタイリスト。雑誌、webなどで雑貨の紹介やインテリアの提案などを行う。企業カタログ、広告、CMなどでもインテリア装飾、空間演出などを手がける。
http://otaniyui.com/

渋谷区の中でも便利な場所でありながら、落ち着いた雰囲気の街に、インテリアスタイリストの大谷優依さんは住んでいます。街にはおしゃれな飲食店も多く、住みたいエリアとして人気です。「仕事柄、撮影なども多いので、移動に便利な場所で探しました。夫婦ともに仕事が忙しくて家でくつろぐ時間はほとんどありません。だから、私にとって家とは寝る場所と少しの仕事スペース、キッチンやお風呂があるところ、つまり、長期旅行者用のキッチンつきのホテルのような感覚ですね」と大谷さん。コンパクトな家はベッドは小さくと考えがちですが、大谷さんのお宅は、大きなベッドがインテリアのメインになっています。

模様替えのときに今までのダブルベッドに、シングルベッドをプラスして広くしました。場所もワークスペースだった部分をベッドスペースに変更。

CLIFTON
FIRE DEPT.

コの字型のワンルーム。ベッド脇のチェストの向こう側がワークスペースです。テーブルの下には、モロッコのラグ・ベニワレンを敷いています。

ダイニングテーブルは幅110cm×奥行き60cm×高さ70cmの小さめサイズ。大谷さんが座っている椅子は、イルマリ・タピオヴァーラのものです。

「〝こうじゃないといけない〟とルールを作ると、インテリアは楽しくないなと思います。ベッドを寝るだけではなく、くつろぐ場所と考えたら可能性が広がりました」と大谷さん。ソファ代わりにしてくつろいでテレビを見たり、朝ご飯をトレイごと持ち込んだりと、ホテルのベッドのような使い方をしています。ベッドカバーはコンランショップのもの。目立つ場所で部屋の印象を決めるので、季節に合わせてチェンジしているそうです。

ベッド脇のチェスト、足元のベンチはインテリアとしても素敵なのですが、実は空間を分ける役割もしています。チェストはワークスペース、ベンチはダイニングスペースと、それぞれが間仕切りになっているのです。コの字型のワンルームですが、視線を遮らずに緩くスペース分けするアイデアはさすがです。

一人がけの椅子は、スペースをとらないコーナーインテリアに最適です。「デザイナーの椅子はこの部屋では1脚だけ。他はインテリアになじむものに。IKEAの籐の椅子はお気に入りです」。写真右の収納はアップルボックスをコーナーに並べました。

「好きなインテリアは暮らしになじむもの。プリミティブな温かみにひかれます。コンパクトなので、色は控えめにして、家具も圧迫感がないものにしています」。家具は、新品ではきれいすぎ、アンティークでは重いと悩んでいたときに、レクトホールのものに出合いました。アンティークですが重すぎず、一度リペアされているからきれいです。主張しすぎず、暮らしになじむという、大谷さんの好みにピッタリだったので、ベッド脇のチェスト、本棚、ダイニングテーブルを購入しました。

収納に使っている木製ボックスは、ザ テイストメイカーズ&コーのイギリスのアップルボックス。以前は横に並べていましたが、縦に並べても使えて便利です。「収納はあまり得意ではないので、ルールは作らずに、ラフに分けています。しまい込まない見せる収納が、私らしいかなと思っています」。

ライフスタイルに合わせて必要なものだけがあるキッチン

グレーのタイルが素敵なキッチンは、収納が少なめなコンパクトサイズ。食材のストックはできるだけ買わずに、ものは増やさないようにしています。「小さな家に暮らしていると、家自体というよりも街に暮らしている感覚になります。この街は、スーパーもすぐ近くにあるし、おいしい飲食店も多くて便利なんです。だから、食材はその日の夕食分だけを買うというスタイルで、ストックはしません。冷蔵庫も無印良品のコンパクトサイズのものですが、今はこれで十分ですね」と大谷さん。また、仕事で遅くなると、外食することも少なくありません。今のライフスタイルに合わせて、必要なものの量やサイズを見極めることが、ものを増やさないコツなのです。

ものはなるべく外に出さないようにしていますが、ちょっとしたスペースの飾り方は参考になります。調理台の上に置かれたカゴには、日常使いのカトラリーやキッチンばさみなどが入っています。取り出しやすい口の広いカゴをセレクトし、細かいものがバラバラにならないようにグラスで仕分け、布を組み合わせていました。素敵な缶などが入っている吊り戸棚は、あえて戸を開けて、見せる収納にしています。

スッキリしすぎない適度なラフさが、キッチンをやわらかい雰囲気にしています。インテリアにも収納にもルールに縛られないのが大谷さん流です。

収納が少なめの細長いキッチン。「グレーのタイル、ブラウンの収納など、インテリアは気に入っています」と大谷さん。

家事を工夫して忙しくても気持ちよく

大谷さんのお宅が意心地がよいのは、隅々まで掃除が行き届いているのもその理由です。忙しい共働きのご夫婦の家事分担をうかがってみると……。

「夫があまり家事をしてくれなかったので、家事を点数化。お風呂掃除1000点、床のモップがけ1000点など点数をあらかじめ決め、やった人に加算して集計します。点数が少ない人が、お金で補填することにしたら、夫が少し家事をするように」と、笑う大谷さん。さらに、3カ月に1回ほど、家事代行会社に掃除を依頼。お風呂やキッチンの排水口の奥など、自分ではできない部分をお願いしています。忙しくても気持ちよく暮らしたい、家事の工夫も参考になりそうです。

ブラウンのタイルがポイントのバスルーム。心地よく過ごすには、何よりも清潔感が大切。忙しいときは、掃除をアウトソーシングするのもアイデアです。

コンパクトな家を楽しむQ&A

Q 狭くても飾る場所を作れるの？

A 仕切りにしている ベンチを活用

飾り棚を置くスペースはないので、ベッドとダイニングを仕切るベンチに花や雑貨を飾ります。寝るときは危ないので、花はダイニングテーブルに移動します。

Q 花やグリーンを飾りたいときは？

A 切り花やグリーンを 場所に合わせて飾って

日当りが良くないので、鉢植えは置きません。切り花を、飾りたい場所に合わせてカット。透明な花器なら、大きめな花を飾っても圧迫感がありません。

Q 増えてしまいがちな食器の収納は？

A コンロ下を 食器棚代わりに

日常使うものは、例えば食器はコンロ下に収納すると、場所を決めて増やしません。でも、仕事で使うものは減らせないので、借りているトランクルームに。それも納得して、今の家を選びました。

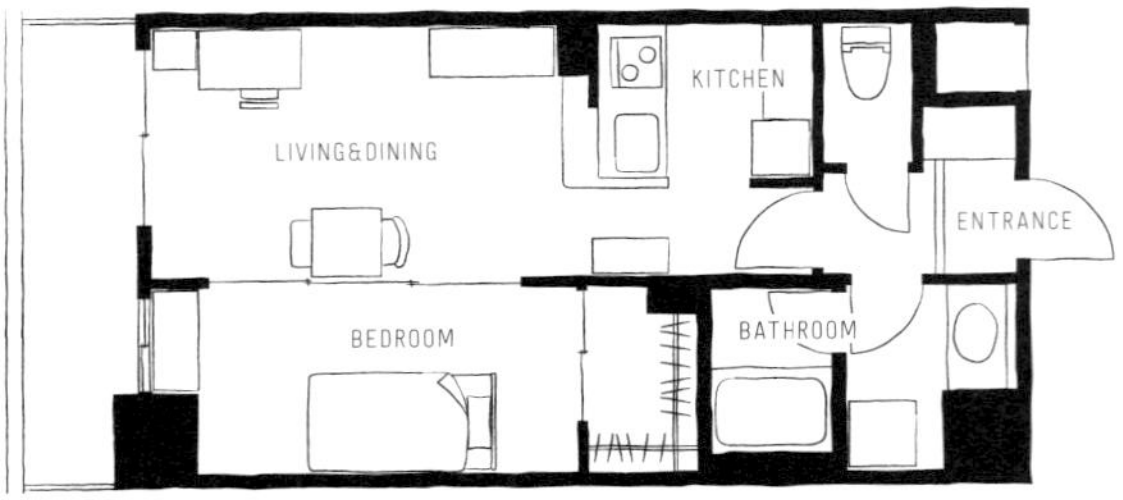

38㎡
世田谷区

狭さを乗り越えて、ものを増やさない暮らしを楽しむ

HOUSE DATA

マンション
1LDK・38㎡
賃貸
一人暮らし

PROFILE

柿崎こうこさん

イラストレーター。雑誌、広告、書籍、webなどのおしゃれなイラストが人気。自著の出版、取材やコメント提供など幅広く活動中。
www.kakizakikoko.com

世田谷線沿線ののんびりした雰囲気が好きで、沿線に住みたいと家を探したのは、イラストレーターの柿崎こうこさんです。２カ月ほど色々な家を見て回りましたが、これぞというものに出合えず、１カ月お休みしてクールダウン。その後、再び探し始めて、今の家に巡り合えました。

「仕事は家でしているので、本当はもう少し広さが欲しいと思っていましたが、この家にひと目惚れ。大きな窓がある明るい雰囲気と、窓からの見える広々した風景が気に入りました。持っているものを減らしてもいいから、ここに住みたいと思いました」と柿崎さん。

ワークスペースで仕事する柿崎さん。大きなグリーンはエバーフレッシュ。スッキリした枝振りで、圧迫感はありません。

窓の前が広々と抜け感があるせいか、コンパクトでも狭さを感じません。家具のサイズや置き方も参考になります。

背の高いIKEAの本棚は奥に。中央のキャビネットはリサイクルショップで買った日本製ヴィンテージ。

仕事用のテーブルと椅子は、何年も使っているもの。経年変化の温かみを感じます。

「引っ越す前に、間取り図でどの家具をどこに置くのかシミュレーション。サイズが合わない家具、入りきらない洋服や本などは処分してものは減らしました」。

この部屋に来るまでの5年間に、3回ほど引っ越しをしました。引っ越しのスタートは、離婚して一人暮らしを始めたことからです。さらに別の場所へ引っ越して、やっと今の理想の住まいに出合いました。ものが増やせない、コンパクトな暮らしがむしろ清々しく感じるようになったとか。

「ここでは、部屋の中の全てものがお気に入りです。なんとなく持っているものがなくなりました。もっとものを減らしたくなっています。身軽になることが、気持ちよくなってきました」。

キッチンのカウンターの下には小さめな北欧ヴィンテージのチェストを配置。白い飾り棚は、ずっと以前に友人に譲ってもらった医療用です。

実際の柿崎さんのお部屋は、スペースを有効に活用していて、狭く見えません。家具も少なくないのですが、どれも元々そこにあったように、ピッタリとおさまっています。シミュレーションした間取り図を引っ越し屋さんに渡し、その通りに家具の配置をしてもらいました。背の高い本棚は視界に入りにくい奥のスペースに、キッチンのカウンター下のスペースには、奥行きがピッタリの背が低いチェストを置きました。白い飾り棚は、脚つきでガラスの戸のせいか、リビングの目立つ所に置いても圧迫感がありません。

「ものは減らしたいけど、好きなものを持っていたいですね。家具はインテリアだけでなく、収納場所として重宝しています」。

本当に好きなものとだけ暮らす ものの購入法、処分法

ほとんどの家具は以前から持っていたものを活かしましたが、購入したものもあります。食事用丸テーブルはこの部屋には大きすぎたので、近所のリサイクルショップに売り、ネットオークションで2万円ほどで代わりのものを落札。サイズが60㎝四方と小さめだったのと、おしゃれな脚のデザインが購入の決め手になりました。そして、少ない収納を補うために購入したのは、ヴィンテージの日本製のキャビネット。木のやさしい雰囲気が気に入り、置きたい場所にもピッタリのサイズでした。食事用丸テーブルを売ったリサイクルショップで、1万5000円で購入しました。仕事の資料、趣味のアロマテラピーのグッズ、金継ぎの道具など細々したものがたくさん収納できます。新たに仲間入りしたテーブルもキャビネットも、インテリアになじんでいい感じ。

掘り出しものを賢く買い物していました。

「ものは増えないように、しまう場所を決めてはみ出したら処分、というルールにしています。増えてしまいがちな本は、ＩＫＥＡの背の高い本棚に収納。ここに入らなくなったら整理して、ネットで見つけた古本募金をしています。本を売った収益をＮＰＯ法人などに寄付するシステムで、私は犬猫をサポートする団体に寄付。洋服はネットオークションを活用し、流行が終わらないうちに売るようにしています。落札してくれた人とのやりとりも、楽しくなってきました」。

オークションで落札したテーブルにイギリスのアンティークの椅子を組み合わせて。青い椅子は一人がけソファのオットマンです。

古い器で家めし派。人を集めておうち居酒屋でおもてなし

ものは増やしたくないけれど、大好きな古い器は少しずつ集めています。でも、増えすぎないように収納場所は決めています。キッチンには食器棚がないので、吊り戸棚に収納。リビングの飾り棚には、眺めていたい好きな器をインテリアとして飾っています。「器を買うときはかなり吟味しますね。骨董市にも行くのですが、出店者さんと話すのが楽しみに。知識が増えて、余計なものは買わなくなりました」。

外食するより、家でごはんを作ることが多いので、普段のごはんでも古い器をどんどん使うようにしています。ここに引っ越してから、同じ階の方とご近所つき合いをするようになり、ごはんのおかずをお裾分けし合うこともあるそうです。いただいたおかずを、古い器に盛りつけるのも楽しみになりました。

ときどき、友人や仕事仲間と持ち寄りごはん会を開催しています。スペースが狭いのに人を呼ぶなんて……と躊躇しがちですが、5〜6人なら問題なく楽しめるそう。テーブルも小さいし、椅子もバラバラ、そんなラフな会です。ホームパーティというよりも、おうち居酒屋というほうがしっくりくると柿崎さん。お気に入りの古い器に、牛すじ煮込み、ひよこ豆のフムスなど、普段は作らない少し手間がかかる料理を作り、盛りつけます。友人たちに古い器を見てもらうのもうれしいし、この料理と器が合うねなどと感想を聞くのも新鮮です。

リビングの飾り棚には、古い器を見せる収納。古い器好きが高じて、
金継ぎも趣味のひとつになりました。

おもてなし用フムス。ひよこ豆200gをゆで、レモン汁大さじ4、白練りゴマ大さじ2〜3、にんにく2かけ、塩小さじ1、水大さじ2〜3とともにフードプロセッサーにかけます。器に盛り、好みでオリーブオイル、黒こしょう、パセリ、パプリカパウダー、松の実、オリーブをプラスしても。

引き出しを活用してスッキリ整理する

柿崎さんのお宅がスッキリ片づいている秘密をもう少し探ってみると、引き出しの家具が多いことに気がつきました。キッチンカウンターの下のチェスト、テレビ台として使っているチェスト、キッチンの前の廊下にもチェストがありました。リビングの飾り棚の中には、小さな引き出しを組み合わせています。小さく区切られているため整理しやすいし、あけると上から全体が見渡せて、何が入っているか把握しやすいので便利です。

「収納の中のスペースが広いと、仕切るのが大変で整理が難しいですよね。引き出しは、小さく区切られているので、ザックリとグループ分けをしてしまうだけ。収納の救世主ですね」。

飾り棚の中に引き出しをイン。色をそろえると統一感が出ます。次に飾る予定の雑貨などが入っています（写真右）。カウンター下のチェストは、アクセサリーやバッグなどを収納しています（写真上）。

コンパクトな家を楽しむQ&A

Q なかなか処分できないものの収納は？

A 思い出ボックスにまとめる

ガイドブックは旅行の思い出の一部なので、使わないかなと思っても処分できないですね。だから、思い出ボックスを用意して、まとめて収納しています。

Q 場所をとらないグリーンの飾り方は？

A 吊るす&垂らすで、省スペースに

床に置かず、天井から吊るしたり、高い棚の上から下に垂らすと省スペースになります。下に伸びるポトスのようなグリーンを選ぶのがおすすめです。

Q 収納グッズで重宝するものは？

A 収納&インテリアになるカゴはおすすめ

カゴは収納力があるし、見かけもかわいいので重宝しますね。例えば、ふたつきの大きなものをクローゼットの近くに置き、脱いだ洋服入れに。このまま洗濯機まで持っていけるので、便利です。

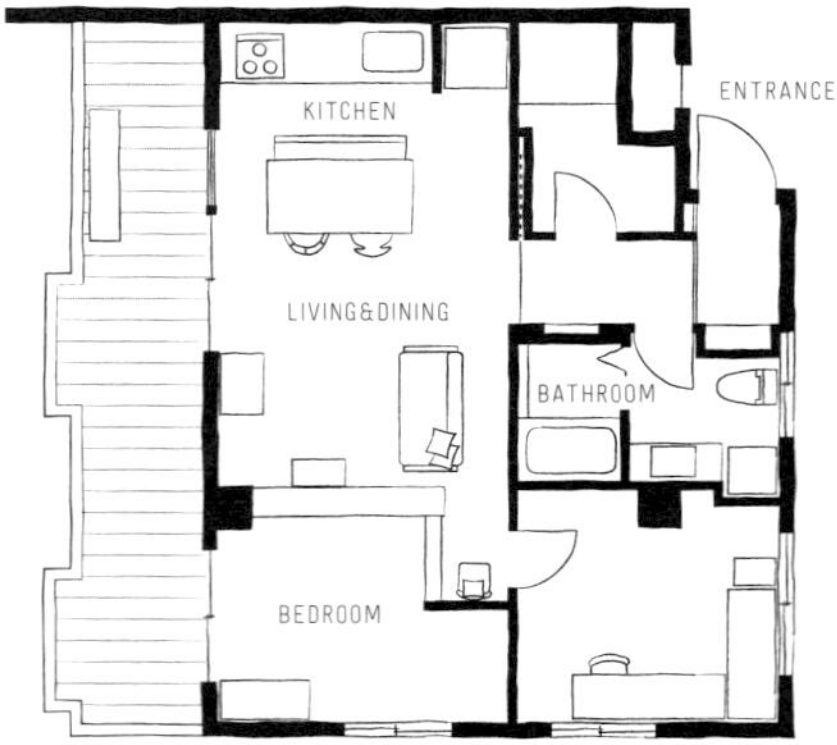

49㎡
横浜市

狭いからこそアイデアがわく。インテリアは自由な発想で

HOUSE DATA

マンション
1LDK・49㎡
持ち家
三人暮らし（夫婦＋子ども）

PROFILE

崇島亮さん・友理さん

亮さんはアートディレクター。「趣味を仕事に」をテーマにインテリア、デザイン、写真の仕事をしている。https://www.instagram.com/renovelife
友理さんは犬の帽子や洋服などの製作、販売を行う「I.M.GALLERY」を運営している。http://im-gallery.net

東横線沿線の、駅から徒歩10分ほどの静かな住宅地。築35年のマンションをリノベーションしたのが、崇島亮さん、友理さん夫妻のお宅です。

「インテリアが好きだったので、家を買うなら、中古マンションをリノベーションしたいと思っていました。70㎡、角部屋、窓がたくさんある、東横線か井の頭線の最寄り駅から徒歩10分圏内、金額は1500万円以下と条件を決めたものの、物件は見つかりませんでした。そんなとき、サイズ以外は理想通りの今の家に出合いました」と崇島さん。そして、49㎡という狭さを感じさせない、インテリアのお手本のようなお宅を完成させたのです。

「インテリアを選ぶのは主には夫です。私はキッチンの収納は多いほうがいいなど、機能性を重視しました」と友理さん。夫婦の役割分担が、自然に行われていました。

キッチンが中心の、迫力のあるビジュアル。テーブルは幅はありますが、奥行きが60cmほどなので主張しすぎません。

リビングスペースのソファは幅130cmのカリモクのもの。一人暮らしの時代から使用。小さな家具は模様替えが好きな人には移動しやすいのでラクです。

「思い通りにリノベーションしたかったので、部屋のつくりや雰囲気は重視しました。この部屋はひと目で気に入り、狭さは、使い方やリノベーションでカバーしようと思いました」。金額も大切なポイントでした。大きな住宅ローンを抱えてしまうと、足かせになって自由に動けないことがある。広くて素敵な家だとしても、住宅ローンが重荷で人生を楽しめないのは良くないと考えました。そこで、会社を辞める選択もできるように、ローンの金額を低く抑えました。

崇島さんはこの家に住み始めて2年半ほどして、勤めていた会社を辞めて独立しました。「部屋のインテリアの写真をインスタグラムでアップしたら、見てくれた人から相談がくるように。そこで、インテリアの

鍋、フライパン、換気扇の黒がインテリアを引きしめます。統一感を出すために、システムキッチンの金属部分は黒ペンキで自ら塗ったそう。

コーディネートなどの好きなことで仕事を始めました。いつか独立しようと思っていたので、家が新しい仕事のきっかけになりました」。

そんな崇島さんが、一番こだわった部分はキッチンです。部屋の一部と考え、オーク材とアイアン素材をメインにしました。システムキッチンは無印良品とコラボレーションしているサンワカンパニーのもの。印象的な上部の棚は、棚板だけを作ってもらい、自分でカゴを組み合わせました。ベージュがおしゃれな雰囲気ですが、実はスーパーのカゴ。ネットで見つけたプラスチック製で、1個500円くらいでした。軽いので、普段はあまり使わないストックなどを入れる収納として便利だそうです。

スペースは有効活用して狭く見えないアイデア

リビングの脇のバルコニーには、ウッドパネルを敷いて室内の床と同じ高さにしました。裸足で出られるように、屋根もつけました。リビングと続いているように見えるので、床面がより広く感じられます。また、窓のアルミサッシには油性の黒のペンキを自分で塗り、アイアン風の質感を演出しています。リビングに座って、バルコニーのほうを眺めると、程よくグリーンも見えて、リラックスできる雰囲気です。

さらに、窓の一部にアンティークの窓枠をつけ、グリーンを飾るスペースにしています。吊るしているグリーンは、ダイナミックな葉が特徴的なコウモリラン。アートのように見え、インテリア映えする人気のシダです。崇島さんが、コウモリランを板や流木に着生させ、テグスで固定したＤＩＹです。床置きではなく、側面を利用できるのでコンパクトな部屋にはピッタリの飾り方になりました。

リノベーションで家の大きな部分は整えましたが、ちょっとした部分での崇島さんのアイデアが生きています。「リノベーションは完成ではなく、始まりです。住みながら、家をより良くしていくのは楽しいですね。リノベーション後も、ＤＩＹやインテリアのコーディネートでより広く見せることができると思います。模様がえは頻繁にしていて、インスタグラムでもアップしています。ぜひ、参考に見てみてください」。

バルコニーはリビングの続きのように見え、リビングが広く見えます。もともとあるスペースを有効に使いました。

ムダなスペースをなくして広さを確保する

リビング以外の場所も見せていただくと、広く見えるようなアイデアが色々ありました。ムダな壁、廊下、押し入れなどを取り払い、間取りは2LDKから1LDKに変更しました。特徴の一つは、リビングの一角に、4畳ほどの小上がりのスペースを作ったこと。ベッドを置かない代わりに、ここに布団を敷いて寝ています。昼間はお子さんの遊び場にもなっているそう。

「押し入れはなくしたので収納を増やすために、床面から高くした部分を床下収納にしました。床部分を持ち上げるだけで、ものが出し入れできます。季節外の家電や布団などをしまっています。

床下収納になっている、小上がりのスペース。本棚の向こう側がリビングスペースになっています。

それから、この小上がりのスペースとリビングの間仕切りには、収納も兼ねた低めの本棚を設置。天井までの高さにすると圧迫感がでますが、低めにしたので、視線を遮らずに緩く仕切ることができました」と崇島さん。お子さんのおもちゃや絵本などを、この本棚に収納。お子さんのものがこのスペースから出ていかないようにし、リビングは大人のインテリアをキープしています。

さらに、サニタリースペースは、洗面所、トイレ、浴室、洗濯機置き場などまとめて省スペースに。それぞれを個室にしなかったので、壁やドアはありません。必要なものがシンプルに配置されていますが、蛇口、洗面ボウル、タイル、取っ手などのセレクトがおしゃれな空間にしています。狭いからと諦めずに、小さなアイデアでもインテリアを素敵することは、可能なのです。

床板を持ち上げてあけると、収納スペースに。「子どもが成長するにつれ、ものが増えてきたので有効に使いたい」と崇島さん。

洗面所、浴室、トイレがいっしょになったサニタリースペース。洗濯機の上に、洗濯を干せるので、雨の日に便利です。

あえて作った個室は必要に応じて役割を変更

個室にしたのは、友理さんの仕事部屋です。「犬の帽子を作り、ブランドのウェブショップで販売。白内障などの病気予防やけが予防のために、散歩のときにかぶる帽子です」と友理さん。大量の布、ボタンや針、糸などの細かいものがあるので、個室にしたほうがいいと考えました。作業しやすい、シンプルなインテリアです。

上につけた棚はキッチンと同じもので、おそろいの段ボールを置き、仕事道具を入れました。ミシンを置いた作業台は高さや幅を使いやすく調節した、崇島さんの手作りです。「子どもの個室が必要になったら、仕事場を外に借りて、ここを子ども部屋に。状況に合わせて、部屋の役割を変えるのがいいと思っています」。

ミシンが中心に置かれた友理さんの仕事部屋。独立した崇島さんも、ここでいっしょに仕事をしています。

コンパクトな家を楽しむQ&A

Q ものを増やさない工夫は？

A 置き場所を決めて、はみ出さないように

食器は増えてしまいがちなものですが、ディスプレイ棚を食器用にして少数精鋭に。棚は幅76cm×奥行き30cm×高さ92cmでコンパクトなサイズにしています。

Q 狭くても置ける、おしゃれに見える家具は？

A 一人がけの椅子がコンパクトでおすすめ

一人がけの椅子は、デザインがおしゃれで小振りなものがあります。崇島さんのお気に入りは、イギリスのアンティークのスツール。置いておくだけでさまになります。

Q キッチンをスッキリ見せるコツは？

A 外に出すものは色や素材を絞る

素材は木とアイアン、色は黒とベージュに絞って赤をポイントに使います。鍋やフライパンもインテリアの重要アイテム。インテリアの邪魔になるものは中にしまいます。

35㎡
港区

コンパクトだからこそ、家中全てがお気に入りのスペース

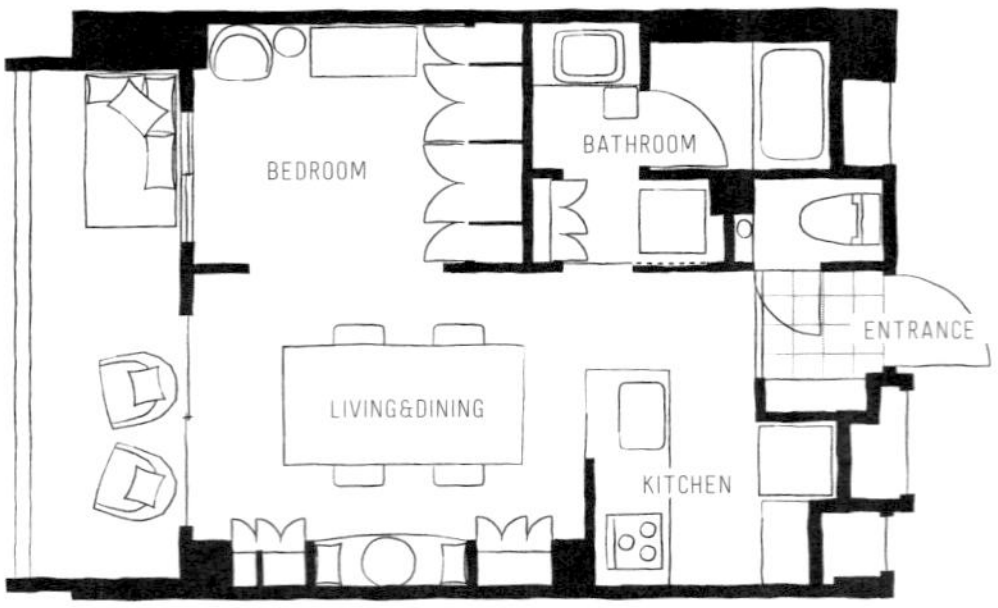

HOUSE DATA

マンション
1LDK・35㎡
賃貸
一人暮らし

PROFILE

大山吟さん（WOONIN）
スーパーフード＆ライフスタイルクリエーター。ローフード教室「R.A.W.」主宰。書籍、雑誌、企業のメニュー開発などを手がける。著書は『まいにちスムージー100』（主婦の友社）など。
http://www.woonin.jp

東京都港区、東京タワーが見える場所に、スーパーフード＆ライフスタイルクリエーターの大山吟さんの自宅兼アトリエがあります。都心の真ん中でありながら、庶民的な小さい店が多い、懐かしい雰囲気の街でもあります。周りに高い建物がなく、窓から大使館の庭園の緑が見えます。

「料理の仕事をしているので、便利なお店・日進ワールドデリカテッセンに歩いて行けるのが魅力的。仕事場でもあるので、生徒さんが通いたくなるような場所かどうかも重視しました」と大山さん。白をベースにしたモダンな空間に、大山さんが好きな手仕事の温かさを組み合わせた、リラックスできる雰囲気のインテリアになっています。

自宅兼料理のレッスンをするアトリエ。窓からは東京タワーが見え、明るく風通しがいい空間です。

料理のレッスンをするスペース。幅215cm×奥行き87cmのIKEAの大きめテーブルに、グランピエで購入した30cm四方のルーマニアの椅子を合わせました。

LA GRANDE
EPICERIE PARIS

自宅兼料理レッスンをするアトリエとして、自分も生徒さんもリラックスできる空間作りを大切にしている大山さん。以前に、オンとオフの切り替えが難しくなり、一度、自宅を別の場所に移したことがありました。

「一度離れたら、この家の住みやすさを再確認。料理だけでなく、ライフスタイルも含めて提案することが、自分らしい仕事のやり方だと気がつきました。今は、オンとオフの両方を生徒さんに見てもらいたいですね」。オ

スーパーフードやローフードを中心に、元気になる食べ方やメニューを提案しています。ヘルシーで美味しくて見た目もおしゃれ、そして、日常生活で実践できる手軽さも大切にしているそうです。

旅が好きで、旅先で買った雑貨はできるだけインテリアにも活かしたいと考えています。最近の一番のお気に入りの国はアラビア半島南端のオマーン。少数民族が織りなす手仕事の温かいものにひかれています。家具類はほとんど日本で購入していますが、フランスのヴィンテージの椅子、モロッコのヴィンテージのラグ、日本のアンティークの和だんすなど、いろいろな国のものや古いものや新しいものをミックスさせるのが大山さん流です。「ものはたくさん置けないのですが、だからこそ全てがお気に入り。特にモロッコのラグ、1960〜70年代に作られたベニワレンが好きなんです。もとは花嫁道具で寝具として作られていたそう。温かみのある素朴なものですが、オフホワイトのベースにシンプルな模様が、かえってモダンでおしゃれです」。

大山さんのパワーチャージのスムージーボウル。冷凍ブルーベリー1/2カップ、マカデミアナッツ8粒、水2/3カップ、アサイパウダー大さじ1、ハチミツ大さじ1をミキサーにかけ、フルーツをトッピング。ナッツベースで体を冷やさないし、抗酸化作用も高い。レッスンでも教えています。

ベッドルームは、ネットショップで購入した和だんすをメインにしたインテリア。脚をつけてモダンにアレンジされたものです。

ベンチでくつろぐ大山さん。本来は、ここはテレビを置くスペース。テレビは持たないので、ベンチとして活用しています。

バルコニーがセカンドリビングに。東京で自然を感じるスペースが完成

部屋のサイズはコンパクトなので、セカンドリビングとしてバルコニーを活用しています。以前は、「ホコリが気になる」と何もしてなかったのですが、「一度、住まいを別にして帰ってきたあと、バルコニーを部屋として使ってみようと思いつきました。ホコリは掃除をすればいいやと考えが変わりました」。

それから、バルコニーが俄然、楽しくなり、お気に入りのスペースになりました。「外の風景を見ていると、リラックスできます。朝早く、朝焼けを見るのも気持ちよくて。流れ星が見えることもあります。旅好きでいろいろな場

デイベッドは、ガーデン用ベンチを３台組み合わせました。まずは、２台をＬ字に置いてみて、余裕があったので、もう１台追加しました。

所に行っていますが、最近は東京もいいなと思えてきて、この部屋がますます好きになっています」。

汚れることを考えて、置いてある椅子はリーズナブルなものをセレクト。籐の椅子はIKEA。デイベットはアイリスオーヤマのガーデン用ベンチを3台組み合わせました。マットやクッションははっ水スプレーをかけて保護したら、あまり汚れないことがわかったそうです。

「グリーンもだんだん増えてきました。いくつか小さいグリーンをカゴにまとめると、コンパクトなスペースでも置けて華やかに見えます。組み合わせを考えるのも楽しいですよ。グリーンがあると、よりリラックス感が高まります」。

小さいグリーンをいくつかカゴにまとめると、寄せ植えしなくても華やかに見えます。

IKEAの籐の椅子に、ブランケットとグランピエのクッションをセットし、足元にマットを敷いて。ファブリックがプラスされるとなごめる空間に。

キッチンや洗面所もムダにしないアイデア

さらに、コンパクトを楽しむアイデアは、キッチンや、洗面所などにも、ラグを敷いたり、椅子を置いたり、好きな雑貨を飾ったりして、部屋ととらえることです。今まで部屋と考えていなかった生活感のある場所でもインテリアに気を配ると、愛着がわいてくるそうです。

キッチンは黒がベースのシャープな雰囲気だったので、グリーンや手仕事の温かみのあるものを並べています。洗面所は、リビング・ダイニングと同じ、モロッコのラグ・ベニワレンを敷き、歯を磨くときに座る椅子を置きました。「家中に好きなものがあると心地よいですね。用途を決めず、いろいろな場所で使うのが、ものが増えないし、自分自身も楽しいですね」。

洗面所は旅先で集めたファブリックを追加すると心地よい雰囲気に。歯磨きが楽しくなりそうです。

落ち着いた印象のキッチンは、木の調理器具や、旅先で買った雑貨などを飾って温かみをプラスしました。

コンパクトな家を楽しむQ&A

Q 捨てられないものの収納法は？

A インテリアとして飾って収納する

本が大好きで、特に海外で集めたインテリア関係のものは処分できません。そこで、本もインテリアの一部に。あえてラフに並べて、グリーンや絵と組み合わせました。

Q おしゃれなコーナーにするには？

A お気に入りの椅子を使ってコーディネート

フランス製のヴィンテージのバンブーの椅子はお気に入りなので、スペインの村で購入したファー、照明と合わせて。季節に合わせて、ときどき模様替えをします。

Q 細々したものの片づけ法は？

A 持ち手つきの缶にまとめる

文房具や宅配便のラベルなど細々したものは、この缶にしまいます。持ち手つきなので、このまま移動できて便利。旅で訪れたパリのデパートで買った缶です。

40㎡
新宿区

コンパクト暮らしは10年に。美しさが使いやすさになる住まい方

HOUSE DATA

マンション
1LDK・40㎡
賃貸
二人暮らし

PROFILE

平盛道代さん

器と雑貨を扱うショップ&ギャラリー「ラ・ロンダジル」の店主。日々の暮らしで使える、使い勝手のいいおしゃれな器や雑貨などの紹介をしている。
http://la-ronde.com

古くて新しい街、神楽坂で器や雑貨を扱うお店を営んでいる平盛道代さん。ご自宅は、お店から歩いてすぐの場所にあります。以前は店舗付きの一軒屋に暮らしていましたが、建物の取り壊しによって今の家に引っ越して10年がたちました。「犬を飼っているので、このあたりでペット可の物件を探したんです。場所と条件を優先したら、広さは前の家の3分の1になりました」と平盛さん。引っ越しの際に、3シーターのソファ、ベッド、ダイニングテーブルなどの大きな家具は処分しました。最初は、「ものが少なくて大丈夫かな?」と思ったそうですが、実際に暮らしてみると不便はありませんでした。

リビングにある、日々使っている器や雑貨が美しくディスプレイされた飾り棚。取り出しやすく実用的な並べ方でもあります。

部屋の真ん中に置かれたテーブルは幅60cm×奥行き30cmの小振りなもの。全ての家具が低めなので、圧迫感がなく広く見えます。

平盛さんと犬のはなちゃん。一人がけの椅子は、ウニコで購入しました。茶だんすは、サイズは幅75cm×奥行き31cm×高さ94cmの省スペース。

平盛さん宅の家具は日本の古いものがほとんどで、それがインテリアの要になっています。圧迫感が出ないように、背が低いもの、ガラスの引き戸のものなどをセレクト。テレビ台の引き出しは、元々4段でしたが、半分に分けて2段に。残りは寝室で使っています。「家の中のものはそれほど多くないと思いますが、仕事柄もあって器はたくさん持っています。スペースは狭いので、見せる場所、見せない場所のメリハリをつけて、器は収納をするようにしています」。

リビングの飾り棚は、まるでお店のような素敵なディスプレイ。でも、全て日頃使っているものなので実用的にしまわれているそうです。「見せる場所は美しさを大切にしたいので、〝余白〟を作るために、器は余裕をもってしまっています。大きさや色をそろえたり、器同士の組み合わせの美しさと

気分転換にもなるので、棚の中の模様替えはよくするそう。詰め込みすぎない、余白のある収納です。

見せる収納の場所は、美しさを考えて。飾り棚の上のりんごでさえも絵になります。

茶だんすの引き出しは、小さい器やカトラリーなどを収納。仕切り箱は平盛さんのお店で購入できます。

一人がけの椅子は、はなちゃんもお気に入り。平盛さんが不在の昼間は、ここでお昼寝しています。

いった見た目にもこだわっています。美しい収納は、実は使い勝手もいいもの。毎日使う器なので、取り出しやすさや選びやすさも必要です」。

飾り棚の向い側には茶だんすを置き、ここにも器などを収納。見える場所は美しく、引き出しの中は多少ものが多くてもいいというのがルール。とはいえ、引き出しをあけたときに、全体が見渡せるくらいのスッキリ感は保っています。小さめの茶だんすとシンプルな一人がけの椅子2脚のコーナーは、コンパクトなインテリアのお手本になるようなスペースです。

「ソファは引っ越し時に処分したのですが、椅子が欲しくなって、まずは1脚だけ購入。圧迫感が出ないとわかったので、もう1脚プラスしました。背もたれが長く、頭を心地よくホールドしてくれる、気持ちのいいデザインです」。

好きなスタイルを実現する洋服を増やさないルール

「器や雑貨は多めですが、洋服は少ないと思います。自分の好きなスタイルがわかってきたので、自然にルールができました。色は、黒、ネイビー、グレー、カーキなど定番色4～5色に決めています。また、アウター、デニム、ストール、靴は長く使うアイテムと考え、少し高価でも好きなブランドのものを購入。一方、ニットなどのトップスは消耗品とし、リーズナブルなブランドのものを購入します」と平盛さん。

洋服は、30年前に購入したイギリス製のチェストとその奥にあるクローゼットに夫婦二人分を収納。普段に着ているトップスは、例えば秋冬のニットは全部で7枚分なので、カゴに入れて着替えをする洗面所の収納棚に。トップスはワンシーズンで着たおすつもりで、少ない枚数で着回します。年齢を重ねるとともに、増えているものが着物です。素敵なものはあれこれ欲しくなりますが、寝室の引きだしからはみ出ないように。リビングのテレビ台の半分はここで使われていました。

収納場所が少ないので、ものの持ち方にもメリハリをつけてきました。器は仕事柄もあり、たくさん持つもの、洋服は好みが確立したので厳選するもの。そんなふうに収納量と自分の好みを考慮しながら、試行錯誤。どんな場合でも、一つ増やすときは、一つ処分するというシンプルなルールを守っています。10年間のコンパクト暮らしでの工夫が、心地よい暮らしを実現しています。

着物を入れた引き出し。取っ手や飾りが素敵です。脇の旅行用トランクは季節外のものを入れています。

洋服を入れているチェストは、取っ手を真鍮につけかえました。たためるものはここ、吊るすものは後ろのクローゼットに（写真左）。数を絞ったトップスは、ストック6枚分をカゴに入れて洗面所の収納棚に入れておきます（写真上）。

美しいキッチンは使いやすくて実用的

キッチンは仕切りがなく、リビングとつながっているオープンなスタイルです。スペースにムダがなく広々と使えますが、生活感が出てしまうとリビングにいてもくつろげないことがあります。平盛さんのお宅のキッチンはごく一般的な設備ですが、潔いほどスッキリし、生活感が抑えられていました。「ものは収納の中にしまって、できるだけ外に出さないようにしています。水切りカゴも置いていません。食器は洗ったら、拭いてすぐにしまえば必要ないですね。よく使う器はシンク上の吊り戸棚に収納しているので、後片づけもラクなんです」。器の収納と同じように、美しいキッチンは、使いやすく実用的でもありました。

シンク下は引き出し式のラックを使って収納。ミキサーやフードプロセッサーはここにしまっています（写真上）。シンク上は、よく使う器を収納。さっと取り出せて便利です（写真下）。

コンパクトな家を楽しむQ&A

Q 洗面所の収納を増やすには？

A カゴを使って大容量の収納スペースに

ラックや突っ張り棚などを利用して収納スペースを増やしました。そして、全部で13個のカゴを使って、ものをしまっています。タオルやパジャマ、犬の散歩グッズ、化粧品などグループ分けして、それぞれ一つずつのカゴにイン。お気に入りのカゴを使えば片づけも楽しくなるはずです。

Q 生活感が出るものはどこにしまっている？

A 奥にしまわずに、すぐに出せるように

リビングの近くの小さい収納スペースに、文房具、薬などを引き出しを使ってしまっています。必要なときにすぐに出せる収納です。本棚も兼ね、本はこれ以上は増やしません。

Q コンパクトでも飾れるの？

A 好きなものを少しだけ飾ってみても

飾りものはほとんど置いていませんが、寝室に、瓶に入ったオブジェ風のものを飾っています。好きなガラクタを入れて眺めて楽しんでいます。

49㎡
中央区

コンパクトに見せない工夫が家全体をもっと心地よくする

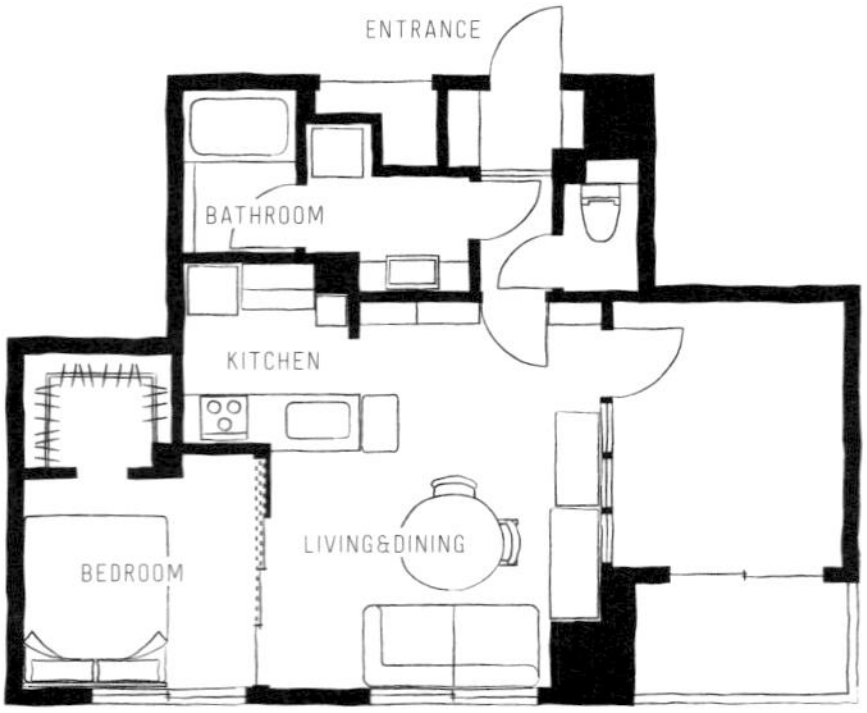

HOUSE DATA

マンション
2LDK・49㎡
持ち家
三人暮らし（夫婦＋子ども）

PROFILE

Iさん夫妻
中央区在住の共働きのご夫婦。5歳の娘さんを保育園に預けて、夫婦で協力して仕事と子育てを両立している。2012年に築13年のマンションを購入してリノベーション。

賑やかな下町の最寄り駅から徒歩10分ほどの場所に、Iさんご夫妻と5歳の娘さんが暮らすお宅があります。「ここを選んだのは、妻の実家に近かったからです。子どもが生まれて、共働きを続けるための選択でした。立地を優先したので、広さは望まずにコンパクトな家になりました」とIさん。お二人ともインテリアが好きで、都心に住み中古物件をリノベーションしようと決めました。

「二人が共通して好きだったのが雑誌で見たアメリカのACE HOTELのインテリア。ヴィンテージ感やラフなのにおしゃれな感じにひかれました。設計者さんにその話をしたらイメージを共有できましたね」。

本好きの奥さまの希望で作った壁面の本棚。しまい込まずに、インテリアにしたいと思ったそうです。黒い支柱を使い、落ち着いた雰囲気になりました。

南向きの窓から明るい光が入ってきます。リビングとベッドルームは引き戸で仕切りました。普段はリビングが広く見えるように、あけておきます。

いずれは子ども部屋にするために、チェッカーガラスを利用して仕切りを作りました。手前に置いたキャビネットは大阪のグラフで購入したお気に入り。

リビング・ダイニング部分はできるだけ広くして、キッチンはオープンに。将来、子どもの個室が必要になるかもと考えて子ども部屋、そしてベッドルームを独立させました。普通の壁で仕切ってしまうと圧迫感があり、狭く見えるので、チェッカーガラスという型板ガラスを使用。模様があるので透け感が気にならず、圧迫感もありません。ベッドルームの引き戸は、普段はあけておくので、リビング・ダイニングの延長のように見えて広く感じます。「チェッカーガラスのレトロな雰囲気がインテリアにもピッタリでした。ただ、地震が気になったので、飛散防止フィルムを貼りました」とIさん。

リビング・ダイニングの印象的なインテリアは、本好きにとってのあこがれ、壁一面の

グレーのタイルがポイントのキッチン。炊飯器として使っているストーブの鍋もグレーを選んで、色味は抑えています。

本棚です。「本は増えがちですが、インテリアとしての美しさをキープしたい。本棚からはみ出ないように気をつけています」と奥さま。ヘリンボーンの床の色と本棚の棚板を合わせ、支柱は黒の角パイプ。本のサイズに合わせた薄型で、圧迫感がないシンプルなものになりました。

本棚の並びにキッチンがあるのは、本好きの奥さまならではの楽しさです。IKEAのキッチン設備、グレーのタイル、無印良品の冷蔵庫や電子レンジなどをセレクトして、モノトーンにまとめました。「コンパクトなので優先順位を考えて、食洗機よりは収納を選択。二人で相談して、食器洗いは夫の係になりました。共働きなので、家事はできるだけ分担しています」。

床や壁を効果的に使い、コンパクトでもおしゃれに

リビングエリアとサニタリー、玄関エリアはドアで仕切られています。床をヘリンボーンと丸モザイクのタイルに分け、空間の雰囲気を変えました。スペースごとに細かく変えるとコンパクトさが強調されると設計者にアドバイスされ、床材は2種類にしてエリア分けに活用したのです。「朝、リビング側からドアをあけて洗面所に移動すると、気分が変わります。スイッチが入り、目が覚めますね。逆に、帰宅したときは、リビングに入るとリラックスした気分になります」。

ドアをあけると、リビングエリアに入ります。床は、リビング側がヘリンボーン、廊下側は丸モザイクのタイルになっています。

トイレや洗面所のサニタリー部分は、使い勝手がよくて清潔感があるインテリアが特徴です。トイレの壁は1面だけネイビーで塗りました。スペースが狭く、インテリアに凝れないトイレを、おしゃれに見せるアイデアです。

また、洗面所は、洗面ボウルをオーバル型にしました。「丸いタイプだと洗面台からはみ出てしまうので、オーバル型にしました。狭さゆえでしたが、見かけがおしゃれで気に入っています。水が飛び散りにくいという、利点もありました」とIさん。奥さまが以前の家でも使っていたアンティークの鏡を活用したら、ホテルの洗面所のようになりました。ちょっとしたこだわりが、生活感が出やすいスペースを素敵にしました。

オーバル型の洗面ボウルが特徴の洗面所。出しておくソープ、化粧品などのボトルの色は、ブラウンをメインに。洗面所の床も丸モザイクのタイルです。

壁の色は暖色にする案もあり、迷った末にネイビーに決めました。1面だけなら、重くならずにインテリアのアクセントに。

シンプルなボックスで収納スペースを補う

少ない収納を補うために、死角になる場所にスペースを作りました。リビングのソファの脇に、ボックスを置いて子どもの絵本を入れました。子どもが取り出しやすく、目立たない位置でもあります。また、ベッドルームの一角に同じボックスを二つ重ねて、書類、家電の取り扱い説明書など紙ものの収納スペースを作りました。目立たない場所ですが、見えても違和感がないように、中に入れる収納グッズはモノトーンに統一。「このボックスは、ネットで購入しました。ここに引っ越す前から使っていました。シンプルなデザインで外に出しておけるし、組み合わせ次第で色々な場所で使えるので、重宝しています」。

長方形のボックスを利用した収納スペース。ソファの脇、ベッドルームの目立たない所に作りました。サイズは1個が幅90cm×奥行き36cm×高さ40cmになります。

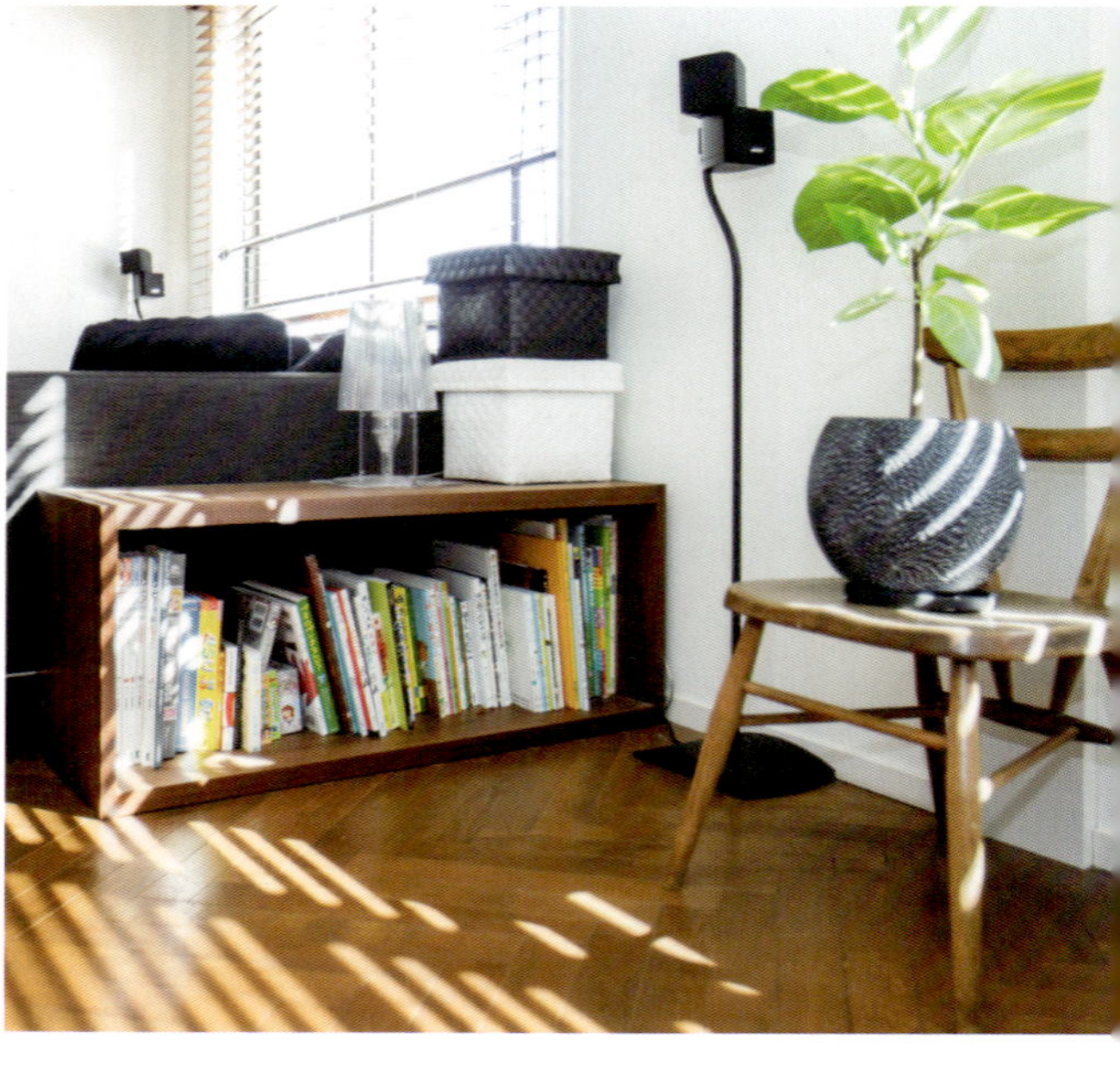

コンパクトな家を楽しむQ&A

Q 増えてしまうものの収納法は？

**A 写真に残す&
限界量を決める**

子どもが保育園で作ったものは処分できずに増えがち。できるだけ写真に残し、処分することに。どうしても処分できないものは、シボネで買った、パルプボックスに収納。はみ出したら処分します。

Q ずっと大切にしたいものは？

**A 一人がけソファは
思い出も含めて大切**

20代の頃買ったヴィンテージのデンマーク製ソファです。布も当時のままで、張り替えると雰囲気が変わるかもしれないと保留に。人生の相棒として、これからも大切にしていきます。

Q ベッドの圧迫感を減らすには？

**A ベッドを低くして
視界を広くする**

大きな家具の代表のベッドは、できるだけ低くして圧迫感を軽減。セミダブルベッドのフレームは脚はつけずに、マットレスと組み合わせました。

55㎡
墨田区

無印良品で作る機能的でモノトーンなインテリア

HOUSE DATA

マンション
1LDK・55㎡
持ち家
三人暮らし（夫婦＋子ども）

PROFILE

玻名城理絵子さん

ご主人とともに医療関係で働き、息子さんを保育園に預けて仕事復帰予定。プランニング中に妊娠がわかり、間取りを変更するなどして、ようやく家を完成させた。

東京スカイツリーが見える墨田区のマンションに暮らしているのが、玻名城理絵子さんです。元々は一軒家を建てるつもりでしたが、条件が合う土地が郊外になり、ライフスタイルに合いませんでした。それなら、住みたい場所で、希望通りに設計できるリノベーションにしようと方針を変更。将来、子どもが生まれたことを考えて、実家近くの物件を探し、無印良品のリノベーションをお願いすることにしました。「無印良品の家具や家電は、以前からいろいろ使っていました。夫が機能的でモダンな雰囲気が好みだったのと、愛用していた無印良品のものを活かせることが決め手になりました」。

機能的でスタリッシュなキッチンがインテリアのメインに。写真下は、玻名城さんと息子さん。

キッチンとリビングのスペースは広めにしました。無印良品のソファで、緩く仕切っています。他に、あえて個室にしたベッドルームがあります。

ユニットシェルフでスタイリッシュに収納

インテリアのベースになっているのは、無印良品のステンレスのユニットシェルフです。以前の家で本棚として使っていたものを、キッチンの棚に活用。このシェルフをリビング、廊下、玄関にも使い、家全体の統一感を出しました。場所によって棚の幅を変えたり、パネルをつけたりアレンジしています。「色はモノトーン、素材はメタルを中心にそろえました。広くないので、インテリアのテイストは統一し、スッキリとスタイリッシュな雰囲気にしています」。

キッチンは、ユニットシェルフをメインに

コンロ脇の部分はタイルに。インテリアに合わせてグレーをセレクトしました（写真右）。コンロ下にも収納スペースがあり、ワイヤーバスケットやプラスチックケースを組み合わせて、取り出しやすく（写真下）。

したオープンな収納です。パネルをつけると圧迫感がでてしまうので、見せたくないものは下の段に入れて、キッチン設備で隠れるようにしました。「上段は、インテリアにもなるように、食器や調理器具などは色を抑え、数も絞ってゆとりのある収納に。下段は、子どものもの、食品ストックなど生活感が出るものを無印良品のメイクボックスなどに入れて収納しています」。

リビングのユニットシェルフは一部にパネルをつけて、見せたくないものを隠しました。ソファは無印良品のソファベンチを新たに購入。古いソファは処分予定ですが、子どもの授乳に便利なので、今はまだ置いています。ソファが2台あっても、同じ無印良品のものなので違和感がありません。

リビングのユニットシェルフは一部にパネルをつけました。中を見せたくないものはバンカーズボックスにも収納しています。

ものを増やさないために夫婦でよく話し合う

最近は、ものを買うときに本当に必要かを夫婦でよく話し合うようになりました。今まで、ご主人はものを溜め込みがちでしたが、「ものがあふれていたら、せっかくのインテリアが台無しになる」と玻名城さんが説得し、適量をキープできるようになりました。大容量の収納場所は廊下に作った、天井までのユニットシェルフ。パネルでふたをして、本、CD、趣味のものなどを収納しています。右がご主人、左が玻名城さんと決めて、それぞれが管理をします。

コンパクトなお宅に住む家族は、距離が近くて仲がいい印象です。ものの管理、購入など、お互いによく話すことがその理由なのだと思います。

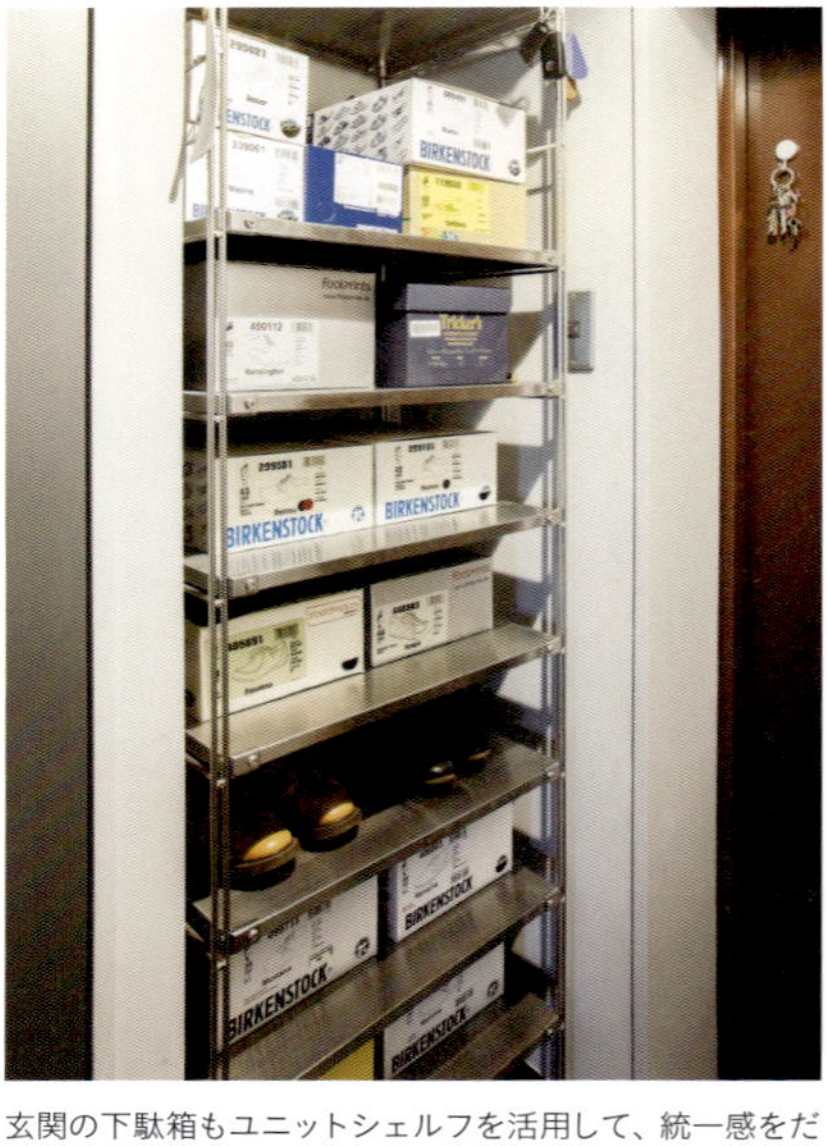

玄関の下駄箱もユニットシェルフを活用して、統一感をだしました。靴に合わせて、棚板の幅を調節。

廊下にあるユニットシェルフで作った大容量の収納。パネルでふたをして中を隠しました。

コンパクトな家を楽しむQ&A

Q ものを増やさないアイデアは？

A 写真を撮り、アルバムを作る

写真を撮ることが趣味なので、ものは写真に残してから処分するようにしています。プリントしてアルバムを作っているので、思い出にも残って満足感が高いですね。

Q 新しい家電が買いたくなったら？

A 夫婦で相談して、欲しい商品だけ決めておく

トースターと炊飯器は、次に買うものを夫婦で相談して決めています。でも、壊れるまでは今のものを使う予定。次に何を買うのか計画しておくと、ムダな買い物は予防できます。

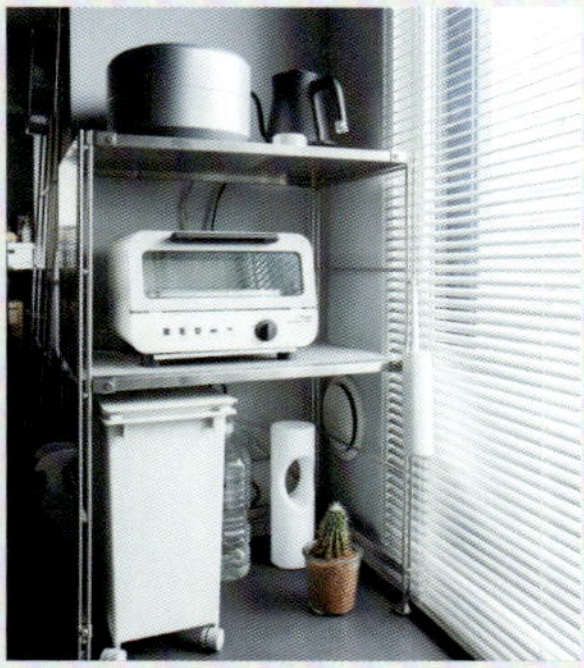

Q 場所をとらずに、おしゃれに飾るには？

A 天井から吊るすモビールでコンパクトに

天井から吊るすモビールなら、場所をとらずに飾れます。必要ないときは小さくたたんで収納できるので、コンパクトなお宅にはピッタリ。

36㎡
川崎市

建築家夫婦が実践する必要なものだけがあるワンルーム

HOUSE DATA

マンション
1R・36㎡
賃貸
二人暮らし

PROFILE

原﨑寛明さん
横浜国立大学工学部建設学科を卒業後、建築設計事務所を経て、2013年アイボリィアーキテクチュアを設立。住宅、オフィス、店舗の設計を手がける。
http://www.ivolli.jp/

星野千絵さん
武蔵野美術大学建築学科卒業、大学院修了後、建築設計事務所を経て、2016年コバルトデザインを設立。住宅、店舗の設計、デザインを手がける。
http://cobalt-d.com/

JR南武線で武蔵小杉から2つ目の駅、商店街が充実した活気のある街・武蔵新城に住んでいるのは、ご夫婦で建築家の原﨑寛明さんと星野千絵さんです。引っ越しを考えていたとき、賃貸だけどリノベーションができるという珍しい物件に巡り合いました。地元の物件オーナーは、入居者が愛着を持って暮らせるように色々な取り組みをしていて、その一つが、入居者の希望を反映できるリノベーションだったのです。「できるだけ広々と暮らせるように、もとの2LDKをあえて仕切りのないワンルームに。その中を緩くゾーン分けしながら、暮らしに必要な要素を並べることにしたのです」と原﨑さん。

ソファベンチを置いたエリアはリビング。その後ろは、ワークスペース。家具で緩く仕切られています。

同じ形の木製ユニットが、小上がり床になったり、間仕切り壁になったりします。本棚や道具入れなど収納も兼ねています。

原﨑さんと星野さんは建築家のご夫婦。この部屋は２人で設計しました。
「限られた床面積だからこそできる、おもしろい設計になりました」。

「個室を作ってそれぞれ役割を決めるよりは、もっと自由に使いたいと考えました。このワンルームは、リビング、ダイニング、寝室、ワークスペース、キッチンと緩く５つに分かれ、それぞれが必要に応じて、広がったり縮んだりします」と星野さん。壁のない部屋で、ゾーン分けに重要な役割を担っているのが、１個84cm四方の木製ユニットです。全45個を縦横自由に組み合わせて、小上がり床や間仕切り壁にしています。この床は、２つ重ねてベンチになることも。15名ほど友人を招いたときに、椅子と合わせて座ってもらいました。

また、木製ユニットを積み上げた、インテリアとしても印象的な壁は、サニタリースペースとの間仕切りになっています。「木製

床は2つ重ねて長ベンチにもできます（写真右）。人が来たときに便利。ユニットのすき間に、業務用のコンテナを組み合わせて収納スペースに（写真上）。

ユニットの素材は、誰でも簡単に購入、加工できる材料として、ラーチ合板とツーバイ材にしました。ラーチ合板は木目がはっきりして存在感が出るので、半透明の白の塗料を塗って抑えめに。汚れ防止にもなっています」と原﨑さん。

必要なものがぎゅっと詰まった36.5㎡のワンルーム。余計な壁は作らずに広々とさせ、自由に使い方を決めるようにしています。「必要なものが必要なだけある状態が理想です。それが一番、気持ちよくいられるので」と星野さん。「2人暮らしでワンルームですが、1人になりたければ外のカフェに行ってもいい。家が全ての機能を担う必要はなく、街の中で暮らすと考えると、家の選択肢も広がります」と原﨑さん。

家具のようなキッチンはＤＩＹ

キッチンは、特別なものではなく家具の一つに見えるようにしたいと思い、ＤＩＹをサポートしてくれる工房といっしょに作りました。調理台はできるだけ広く、水切りカゴはシンクの隣に置きたい、収納を増やすための吊り戸棚も欲しいなど、簡単なつくりに必要なものが入るように考えました。木製ユニットと同じ合板を使い、統一感を出しました。コンパクトだからこそ、キッチンも部屋の一部になっています。

「必要なものを自分たちで作ってみたら、家と積極的に関わることになり、家との距離が近くなりました」。建築家としての住まいの提案と、生活者としての住み心地の実感はどちらも参考になります。

家具を思わせるような、脚つきのキッチン。収納は奥行きがある大容量なので、棚板で仕切ってしまいやすくしました。取っ手は、星野さんがずっと使ってみたかった小さな蝶ナットです。

コンパクトな家を楽しむQ&A

Q クローゼットはコンパクトになる？

A ベッドの上のスペースを活用

ベッドの足元なら洋服があっても邪魔にならないので、クローゼットと組み合わせました。ベッド下にも引き出しを入れて、ここにも洋服を収納しています。

Q 照明は何を使っている？

A スズラン灯で自由な配置に

ワンルームの使い方に合わせて、照明の配置も自由にしています。農業用のスズラン灯を使っていますが、天井にまんべんなくフックをつけ、移動可能に。

Q 収納家具は何を選んでいる？

A 同じものを使う場所に合わせてDIY

IKEAのスチールラックを気に入り、15個ほど購入。ワークスペースの本棚、テレビ台、シューズラックなど、収納するものや場所に合わせてカットしています。

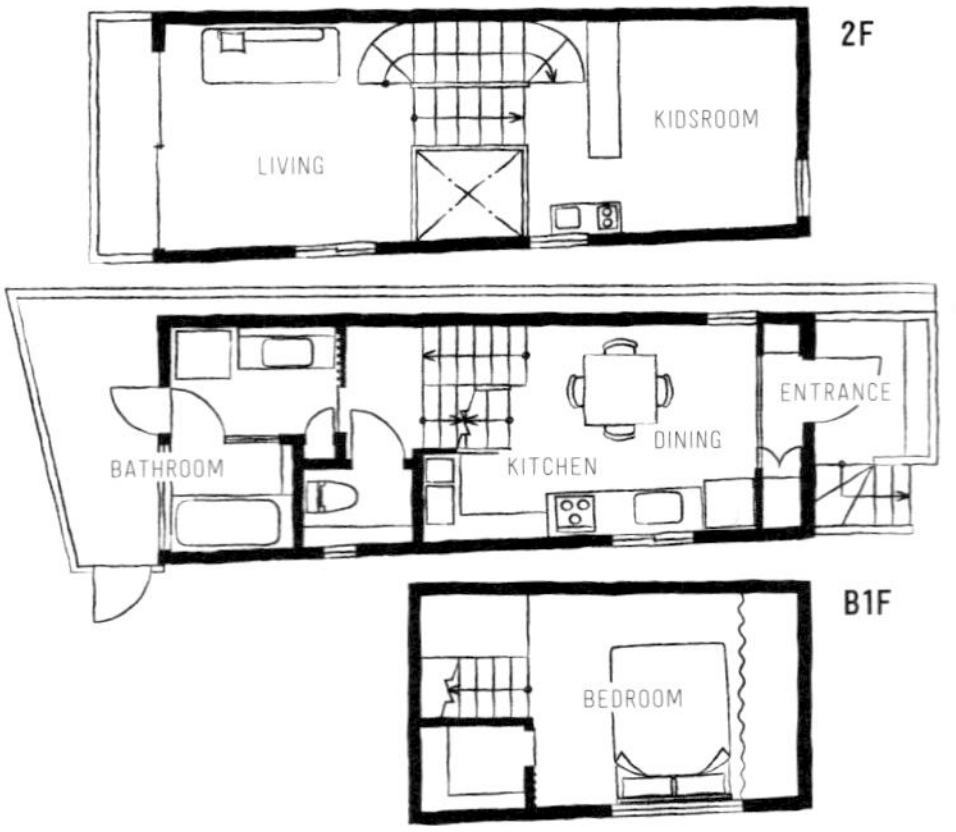

46㎡
杉並区

ものを選ぶことが習慣に。家族4人で暮らす小さな一戸建て

HOUSE DATA

- 一戸建て
- 46.98㎡（1階＋2階※）
- 持ち家
- 四人暮らし（夫婦＋子ども）

PROFILE

根本新さん・みゆきさん

会社員と専業主婦のカップル。子どもが生まれることを機に、家作りを開始。コンパクトな土地を購入し、一戸建てを建てる。

中央線の最寄り駅から徒歩15分ほどの場所に、根本新さん、みゆきさんご夫妻のお宅があります。「中古マンションをリノベーションする予定でしたが、条件に合うものがなかったんです。友人で建築家の佐々木達郎君に相談したところ、マンションと費用もそれほど変わらないから、一戸建てもいいよとすすめられました」と根本さん。そして、家を建てようと決め、今の敷地に出合い、日当たり、風通し、眺望が気に入りました。さらに、都心に近い立地なので、子どもたちが成長するときに、色々な面で刺激を受け、人生の選択肢を増やすことができると考えたのが、決め手になりました。

※一戸建ては、延床面積に含めなくてもいい部分があり、根本邸の場合は地下は除外されます。地下は寝室（14.44㎡）で、全体の床面積は合計61.42㎡となります。

縦の空間を利用した、一戸建てならではの住まい方。1階はキッチン、2階はリビングと子ども部屋があります。

キッチンからリビングを見たところです。大きな窓があり、その外に抜け感があり、スペース以上の広さを感じます。

太陽の光がたっぷり入るリビング。大きい家具を置かなければ、狭さは感じません。果子ちゃんが伸び伸びとお絵描きできます。

取材の日、建築家の佐々木さんにもお話をうかがいました。「少しでも広く見えるように、縦の空間を有効に使いました。空間が広がり、視線が抜けるように作ったのです。間取り図では狭く感じるかもしれませんが、住んでみると実際の面積よりは広く感じると思います」と佐々木さん。1階はサニタリーとキッチン、2階はリビングと子ども部屋。それぞれが階段でつながっている立体的な構造で、4階建てのような広さを感じます。さらに、延床面積からは除外されますが、地下を作って寝室として利用しています。また、玄関のポーチ、バルコニー、裏庭など外の環境を活かし、家の中の延長に見えるようにしたりと、一戸建てだからこそできる工夫で狭さをカバーしています。

「部屋が一時的に散らかったり、友人をたくさ

根本新さんとみゆきさん、4歳の果子ちゃんと生まれたばかりの季子ちゃんの4人家族。4人暮らしを想定してこの家を建てました。

ん招くと居場所がなかったりと、狭さゆえに困ることもあります。でも、キッチンから見上げるリビングの風景、子ども部屋から見える空の眺めなどに、この家だからこその幸せを感じます」と根本さん。

ところで、家を素敵なまま維持するには、ものは増やせません、ご夫婦で参考にしたのが、近藤麻理恵さんのベストセラー『人生がときめく片づけの魔法』です。「ときめかないものは処分するという考え方に、二人で共感できました。私はものを減らすのが得意ではなかったのですが、ときめくか、ときめかないかを基準にしたら、判断に迷いがなくなりました」とみゆきさん。ものが増えてきたなと感じたら、「片づける日」を作り、ときめくか、ときめかないかをお子さんといっしょに確認して、家族でものを減らしているのです。

忙しいママにピッタリの狭さが長所になるキッチン

キッチンはシンクやコンロの設備から食器棚まで、佐々木さんに統一して作ってもらいました。「キッチンの設備は奥行きを60 cmと小さくしました。一般的には65cmなのですが、スペースを少しでも広く使って欲しいと思いました」と佐々木さん。

インテリアはナチュラルな雰囲気で、壁に設置されたオープンな棚がポイントになっています。棚の上は、パスタ、お茶などをシンプルな瓶に入れて、見せる収納。大好きなマリメッコの鍋つかみもここに置いています。調理器具は単独用途のものではなく、ル・クルーゼの鍋のように、ご飯が炊ける、煮込み料理もできる、出しておくとインテリアにもなるなど、いろいろな用途に幅広く使えるものを選んでいます。

家電は、電子レンジとトースターだけにして無印良品の白で統一。その下のスペースはあえて棚板を作らずに、同じ白のゴミ箱を並べました。ふたつきのカゴには、食品のストックが入っています。色を統一するとごちゃつきがちな場所もスッキリ見えます。

コンパクトなキッチンのいいところをうかがうと、「まずは掃除がラクなこと。テーブルが近いので、ごはんを作ったら出来立てをサッと出せます。シンクとテーブルも近く、子どもが後片づけを手伝ってくれるようになりました」とみゆきさん。子育て中の忙しいママにピッタリのキッチンなのです。

キッチンに置くものも、ときめくかときめかないかでジャッジ。なんとなく置くものがないようにして、ものを増やしません。

子ども部屋からルーフバルコニーへ

リビングからの10段ほどの階段をあがると、子ども部屋になります。外側から見ると、壁になっている部分は、部屋のほうでは棚になっていて、絵本やおもちゃを収納しています。低めの間仕切り兼棚なので、圧迫感がなく、適度なプライベート感も保持。将来は姉妹2人の部屋になりますが、今は、家族で布団を敷いて寝ていることもあります。

子ども部屋から、さらに階段をあがるとルーフバルコニーになります。「子どもと遊んだり、ごはんを食べたりと、ルーフバルコニーはもう一つの部屋のように使っていますね」と根本さん。あるものを、楽しく活用することが、コンパクト暮らしを続けるコツのようです。

子ども部屋は、ルーフバルコニーに続くドアや窓から光がたっぷり入ります。反対側に窓もあり、明るく健康的な雰囲気で、余計なものがないシンプルなインテリアです。

コンパクトな家を楽しむQ&A

Q リビングでの収納の工夫は？

A ソファの脚部分の空きスペースを活用

ソファの下のスペースにカゴを組み合わせて、子どものおもちゃを収納。ソファはイデーのもので、幅140cm×奥行き71cm×高さ61cmのコンパクトサイズです。

Q サニタリーをおしゃれにできる？

A 床に注目して、素敵なタイルを選んで

スペースが狭くなりがちなサニタリーは、余計なものは置けません。そこで、床のタイルにこだわって、色はグレーで大きめのものを選んで大人っぽくしました。

Q 増えてしまいがちな食器の収納は？

A ときめくものだけを残して増やさない

食器は、ほかのものと同様にときめくものだけを取っておく方法に。食器棚からはみ出さないようにしています。取り出しやすいように余裕をもったしまい方を。

PART2

収納上手さんの必要なものだけがあるコンパクト暮らし

コンパクトでも心地よく暮らすための収納の工夫を、4人の収納上手さんに教えてもらいました。「ものは必ず居場所を決め、使ったら元に戻します」、「収納の中は容器で仕切って、取り出しやすくしています」など、具体的なテクニックがいろいろありました。そして、4人が共通して行っていたのは、収納する前にものの要不要を見極めること。ものが少なくなり、収納がラクになるからです。収納上手さんの、ものとの向き合い方は参考になります。

収納上手な家

50㎡

今を大切に暮らすための ものを持ちすぎないシンプルな収納

PROFILE

Akiさん

外資系企業で働くワーキングマザー。子育て、仕事、家事についての出来事を綴ったブログ「Living Small」が好評。著書『家事を手放してシンプルに暮らす』(ワニブックス)も発売中です。http://livingsmall.blog.fc2.com

東京23区内の便利な駅でありながら、商店街があってどこか庶民的。近くに公園があって緑も多い場所です。そんな場所に、Ａｋｉさんのお宅があります。

「元々は夫が独身時代に住んでいた地域なのでなじみがありました。都心で便利な場所なのに、暮らしやすいなと思っていました。コンパクトな家を選んだのは、今の私たちにちょうどいいサイズだったからです。私も夫も、ずっと同じ場所に住むこだわりや持ち家志向はありません。持ちものを少なくし、必要があればいつでも引っ越せる、そんな身軽な感覚を大切にしています」。

現在の住まいは、立地、間取り、窓からの広々とした眺めなどが気に入り、たまたま分譲マンションだったので購入しました。でも、次に引っ越すときは、また賃貸に戻るかもしれません。そこにはＡｋｉさん流のこだわりがあります。

CLOSET

KITCHEN

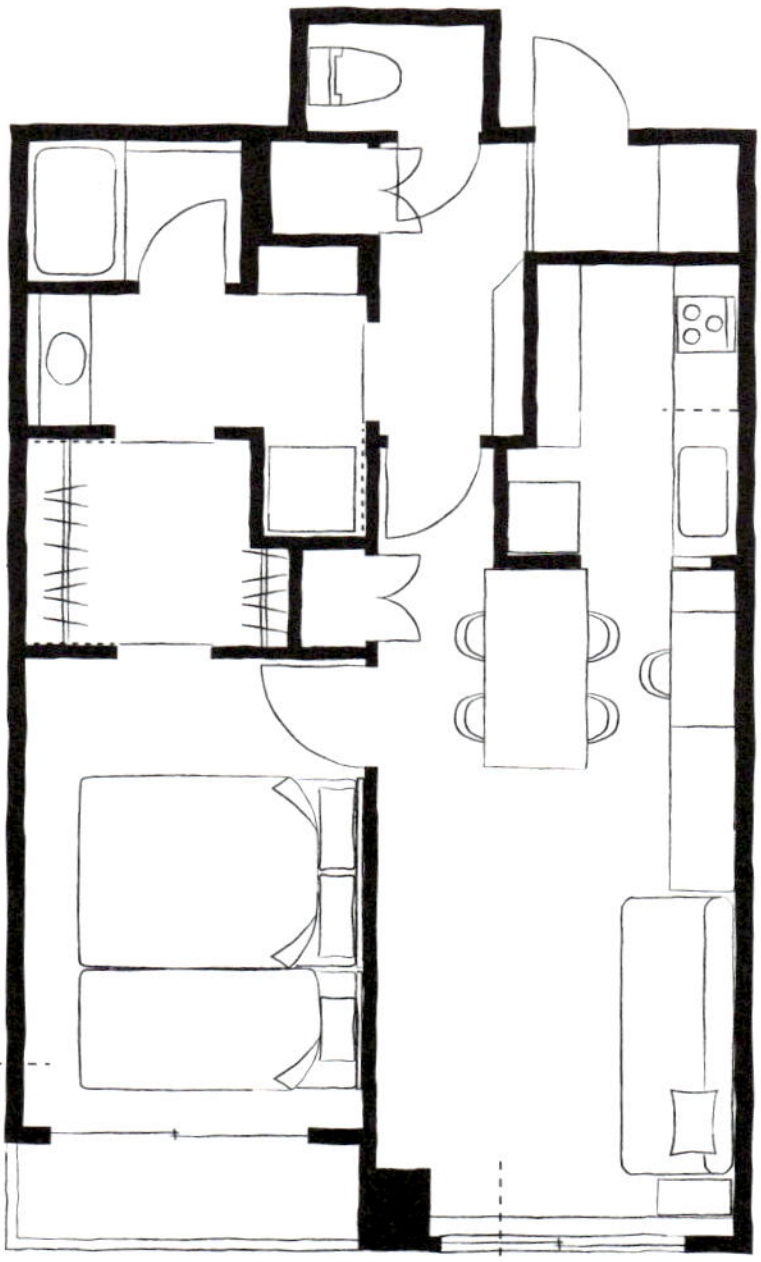

HOUSE DATA

マンション
1LDK・50㎡
持ち家
三人暮らし
東京23区内

BEDROOM

LIVING&DINING

リビングでくつろぐAkiさん。ご主人もリッラクスできるように、ブラックレザーのソファを選びました。

リビングの壁にホワイトボードを貼り、息子さんのお絵描き用に。場所はとらないのに、思いっきり遊べるアイデアです。

ご主人の趣味です。プロジェクターをテレビ代わりに使い、映像を壁に映します。テレビはないので省スペースに。

引っ越しは、子どものころから数えると、今の家で9回目。多くの経験から、時期や場所によって暮らしが変わると、実感しました。特に強く感じたのは、3から11歳までのドイツ暮らしから帰国したときだったそうです。「今の暮らしは永遠でなく、変わることがあります。だからこそ、今を大切にして、楽しもうと思うようになりました。将来必要かもしれないと予想して広い家を選ぶよりも、必要になったら引っ越せばいい。今、心地よく暮らせる家に住むことが大切だと考えています。実際に、子どもの個室が必要になるころには、住み替えようと思っています」。

Akiさんは、息子さんが1歳のときに職場復帰しました。どうしたら自分も家族も心地よく暮らせるのかを試行錯誤したそうです。コンパクト暮らしのいい点をうかがってみると、どこに何があるかわかる、家事がすぐ終わる、隅々まで行き届いた暮らしができる、というお答え。これは、忙しいワーキングマザーにピッタリの住まい方だと思いました。

「拭き掃除が好きなんです。毎週、土曜日の午前中に拭き掃除をします。夏は素足、冬でも靴下で過ごしたいタイプなので、床がさらさらだと気持ちがよくて。家中拭いても15分だから、無理なくつづけられています」。拭き掃除もラクな、コンパクトな住まいだからこそできる自分らしいライフスタイルです。

LIVING

機能的でくつろげる、ホテルのようなリビングに

リビングがコンパクトだとくつろげないのではと思いがちですが、Ａｋｉさんのお宅はゆったりした空気が流れています。

「理想は、ホテルの部屋のような機能的なのにくつろげる空間。ものは居場所を決め、使ったら戻すようにしています。使う場所の近くに収納という、シンプルなルールです。これなら、子どもも片づけられますね」。収納の中も場所ごとに容器をそろえて、見た目もスッキリ。放り込むだけで片づいて見えるし、容器からはみ出さないようにするので、ものが増えないそうです。

「家具は、海外のインテリア雑誌などを参考にウォールナッツで統一しました。夫にもくつろいで欲しいので、落ち着いた雰囲気にしています。リビングボードは、置く場所にピッタリのサイズを、インテリアショップ・カーフにオーダーしました。扉つきの棚を組み合わせ、上に天板をのせたもので、今後、引っ越したときに違う場所でも使えるようにと考えて選びました」。

既製品のシステム収納などと、サイズ、値段、使いやすさを比べて、総合的に判断してオーダーすることにしました。さらに、テーブルも同じカーフのものを購入。既製品ですが、素材と高さを合わせました。実際に使ってみると、狭い空間を余すことなく使えてすっきり見えます。使い勝手もいいので、オーダーして良かったと思っているそうです。

カーフのリビングボードとテーブルは統一感があります。リビングボードの中は、IKEAのボックスで子どものおもちゃを収納。写真を貼れば、子どもが片づけられるようになるそうです。

本は高さをそろえたり、収納グッズは同じものにすると、収納の中がスッキリ見えます。最上段の黒いボックスには、長期保管が必要な書類などを、インデックスを挟んで分野別に収納しています。

必要なものが取り出しやすい。コンパクトだからこそスッキリと

ものは外に出さないようにしています。掃除もラクだし、調理台が広く使えて料理もしやすいそう。毎晩、後片づけをしたらこの状態に。

コンロ下２段目の深めの引き出しは、ファイルボックスで仕切って、フライパンやふたなどを立てて収納。背が高い油もピッタリ収まり、倒れません。

コンロで使う鍋は、コンロ下に収納。ご飯も炊けるル・クルーゼとスタッキングできて収納に便利なクリステル。鍋はこの２種類だけにしています。

冷蔵室のドアポケットは開封後の調味料を収納。冷蔵保存でないものも、一元管理するとラク。冷蔵室3段目は、下ごしらえしたものを鍋ごと入れられるように、空けておきます。

全体的にものが少なめなAkiさんのお宅ですが、キッチンは若干ものは多めです。それは、家族の健康を考えて、料理は手作りにこだわっているから。「毎日忙しいので、家事に時間をかけないように家電に任せたり、アウトソーシングもしています。でも、料理は家族の健康や満足につながるものなので、家事の中でも優先しています」。

だからこそキッチンは、徹底的に使いやすく収納されていました。食器はシンク上の吊り戸棚に。高いスペースを活用するのは、背が高いAkiさんだからこそできることです。反対に低い位置には、あまり使わないものを収納。調理道具はよく使う場所に応じて、シンク、コンロの近くにそれぞれ収納しています。

さらに、冷蔵庫を見せていただくと、他の収納と同様に、見やすくスッキリしていました。冷蔵庫のサイズは、363ℓとコンパクトですが、食品と調味料のほとんどが入っています（塩、こしょう、油はコンロ下に収納）。どこに何を入れるか決めているので、なくなったときの補充もスムーズ。保存容器や収納ボックスをそろえると、冷蔵庫内のスペースがムダなく活用できます。

収納の正解は自分にとっての使いやすさ。「使う場所の近くに収納」という大まかなルールはありますが、何をどこにしまうかを決めるのは自分です。Akiさんの工夫が、それを教えてくれました。

無印良品の引き出しに整理ボックスを組み合わせて、見やすくスッキリ。ラップのサイズは22cm1本だけにし、電子レンジの近くに収納しています。

コンロの反対側には、食品ストックと家電を置くためスチールラックを配置。電子レンジとお米、水といった重量のあるものを置くために、重さに耐えられるものを選びました。配膳台としても利用しているので、天板にものは置かずスッキリと。上段には配膳に使うトレー、中段の引き出しにはカトラリーや箸を収納しています。

下段には、トタンボックスを使って食品ストックと非常食を収納。スチールラックとの統一感がでるので、スッキリした印象になります。食品ストックは必要なものを最小限にし、ふたをあけたら、ひと目でわかるようにして管理の手間を省きます。忙しい毎日の食事作りを支える、コンパクトキッチンならではの工夫がありました。

スチールラックには、引き出しやトタンボックスを組み合わせ、ものをしまいやすくしました。

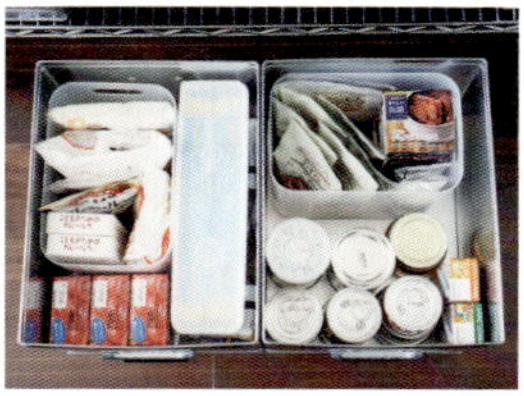

トタンボックスの中は食品ストック（写真左）と非常食。どちらも日常的に食べて、なくなったら補充。

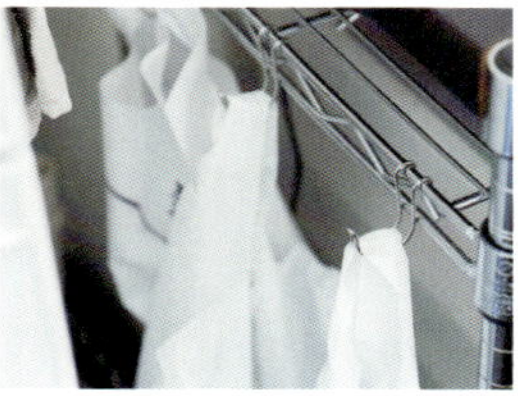

S字フックにレジ袋を吊るして、生ゴミ以外のゴミ入れに。家中のゴミはここに入れます。

キッチンはロボット掃除機のスタート地点。充電器が入るように、ラックの高さを調節しました。

CLOSET

身支度がラクになる"かける収納"。アウトソーシングも活用して

子ども・妻のゾーン。子ども服は子ども自身が着替えられるように、取りやすい下段に。

夫・妻のゾーン。右側が夫、左側が妻と決め、それぞれが管理します。

1・5畳のウォークインクローゼットに、オンシーズンの家族3人分の洋服はすべてハンガーにかけて、見やすく収納しています。夫・妻のゾーン、子ども・妻のゾーンに分け、はみ出さないようにしています。「狭いクローゼットに1年分の洋服を詰め込むと傷みます。そのため、オフシーズンのものは宅配クリーニングを利用して翌シーズンまで預けていきます。きちんと管理してくれるし、クローゼットに余裕があると、身支度もラクです」。

洋服がすべり落ちず、軽くてかさばらないマワハンガー。サイズや形が色々あります。

収納・片づけのIDEA

洗濯機の向いの収納には、毎日使うタオル類とIKEAのボックスで家族の下着などを収納。ここに入る分だけで増やしません。

洗面台のスキンケア・メイク用品は、この2段に入るだけ。メイク用品は透明なケースで整理すると見やすくて、朝のメイクが時短に。

洋服は体型や好みに合うものを定番化して、余計なものを持ちません。例えば、ニットはジョンスメドレーのものを愛用中です。

インナーはワンシーズン3枚と決めて、季節が終わったらカットしてウエスに。場所もとらず収納もラクです。

どうしても処分できないのは、子どもの工作などの思い出のもの。ケースからはみ出したら、古いものは写真に撮って処分を。

子どもの洋服やおもちゃなど、処分したいものは紙袋にまとめておきます。まずは友人に声をかけ、その後リサイクルショップへ。

収納上手な家

42㎡

ものを減らす、増やさないから収納にも悩まない

PROFILE
こずこずさん
会社員。トートバッグ作家。インスタグラムでコンパクトな暮らしの工夫を発信して、人気を集める。
https://www.instagram.com/kozu_tani_inside/

近郊のメゾネットタイプの家に住んでいましたが、ご主人の仕事の都合で東京都内に引っ越すことになった、こずこずさん。「夫の通勤のために駅から近いことが条件でした。家賃を抑えたかったので、広さは諦めるしかないと考えました。そこで、暮らしをダウンサイジングすると発想を変え、できるだけ狭い家を探しました」。下町エリアで探すと、希望に近い家に巡り合いました。近くに、カフェが多い街として注目の清澄白川があり、引っ越してから休日に散歩がてら訪れることが楽しみになったそうです。

「狭い家に住んで、ものを減らしてみようと思ったのは、買い物の仕方やものとのつき合い方を見直したかったからです。今まで、よく考えずなんとなく買ったものを、結局ムダにしてしまうことがありました。それを防ぐために、余計なものをストックできない狭い家を選びました」。

LIVING&DINING

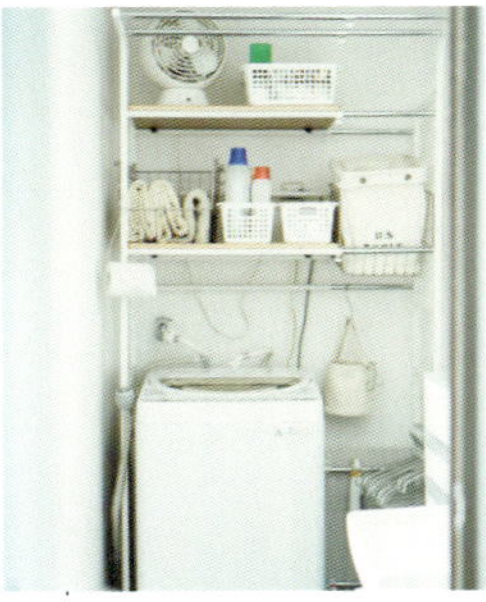

SANITARY

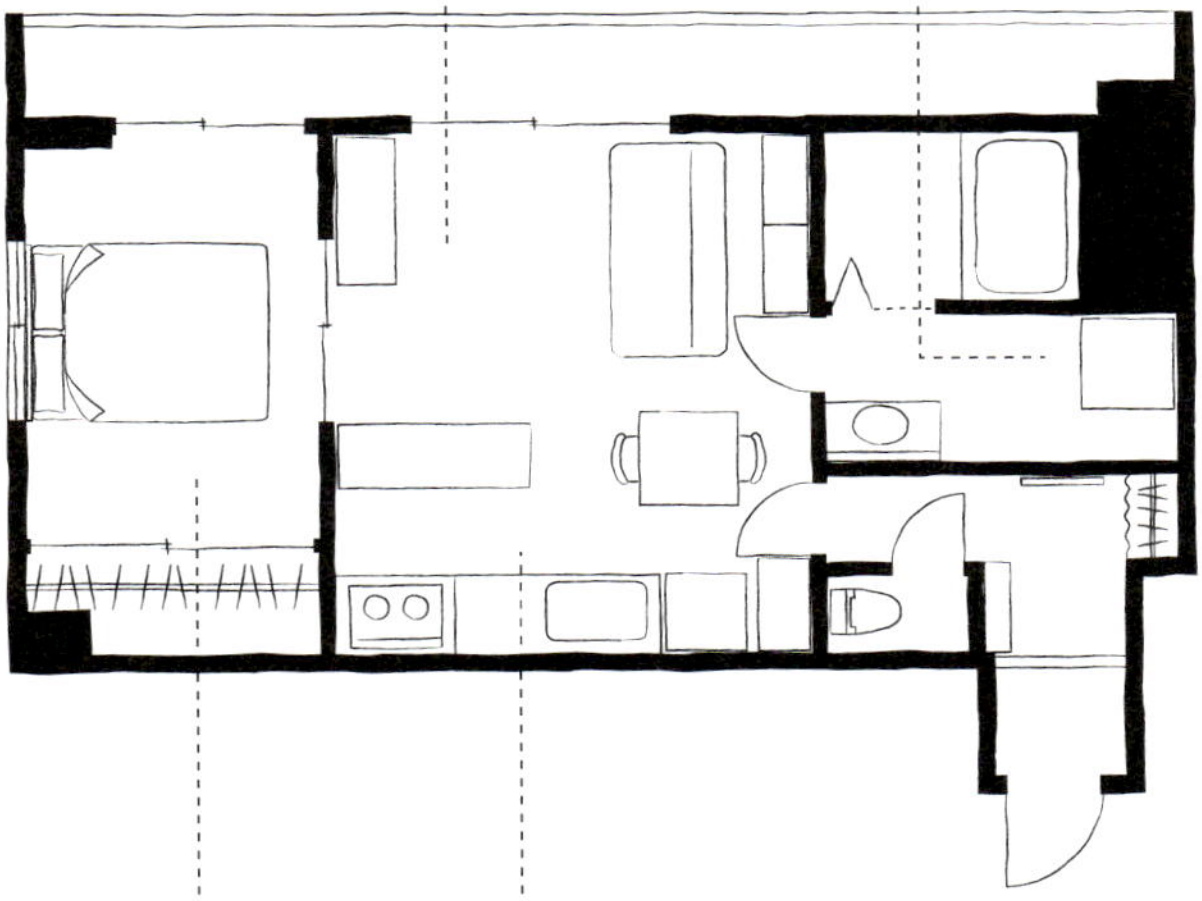

HOUSE DATA

マンション
1LDK・42㎡
賃貸
二人暮らし
墨田区

KITCHEN

BEDROOM

1LDKのコンパクトなお宅です。リビングとベッドルームは分けたかったので、ベストな間取りでした。

「ものを減らしたら、暮らしがラクになりました。ズボラな私にはピッタリ」とこずこずさん。収納に悩まずに、ものの管理もラクに。

こずこずさんは、引っ越しのときに「ものは減らしたい。でも不便な暮らしは嫌だな」と思い、新居に置きたいものとその理由を考えてみました。いつでもリラックスできるように、リビングにソファは置きたい。結婚するときに両親がプレゼントしてくれたテレビ台は処分したくない。布団のあげおろしは面倒なので、ベッドはあったほうがいいなど……。

こんなふうに、必要な理由を考えて納得したものだけを持ってきました。不要だと思った食器棚、テーブル、ラグなどはリサイクルショップに売るなど処分したのです。「大きい家具があってもいいし、処分できないものがあってもいいと思います。大事なのは自分にとって、本当に必要かどうかです」とこずこずさん。家全体はまだ試行錯誤中ではありますが、中でもキッチンはものの持ち方にメリハリがついてきました。

例えば、炊飯器とコーヒーメーカーはご主人が食事の用意を手伝ってくれるときに、必要な家電です。一方、食器やカトラリーは必要最低限にしています。

「料理は凝らないと決め、いい素材をシンプルに調理し、一汁一菜かワンプレート＋汁ものに。普段の食事に使う器は二人で必要な分だけ。友人とは外でごはんを食べるので、余分に持たなくてもいいのです。器は好きなのですが、どれを使うか迷うのも面倒なので、最低限の量に。収納もラクですね」。

KITCHEN

余計なものは置かずに空けておく

オープンキッチンですが、ご主人にパーティションを作ってもらいました。
圧迫感がでないように半分だけクローズに。

「キッチンは理想に近づいてきました。料理や後片づけが得意ではないので、手間がかからないようにしています」。シンク上の棚は空けておき、洗った器を置く場所に。水分が切れたら、布きんで拭いてすぐにしまうので、水切りカゴもありません。調理中には、この棚が食材の一時置き場になることもあります。便利な場所なのでものを置きがちですが、空けておくことができるのは、余計なものがないキッチンだからこそなのです。

カトラリーと普段使いの器はこれだけ。収納は余白を大切にし、取り出しやすくするためにスペースに余裕を持たせます。

細々したものは収納場所を決める

ものを減らす、増やさない、ということを心がけていると、片づけもラク。
「どこにしまうか迷う余計なものがないんです。使ったものはすぐ片づけます」

雑誌はボックスに入れて、ソファの下に。リモコンはワゴンに収納します。場所が決まっていると、探しものがなくなります。

ソファとテレビ台という、こずこずさんにとって必要な大きい家具があるリビングです。狭く見えないのは、余計なものが外に出ていないから。リビングで使う細々したものは、収納場所を決めて、必ずそこに戻すことにしています。例えば、外出時はバッグに入れておくスマートフォンや財布は、帰宅したらローテーブルの上のカゴに入れます。収納場所がないと、出しっ放しになり、部屋がごちゃごちゃする原因になります。

BEDROOM

洋服はオールシーズン分を1ヵ所にまとめる

ベッドサイドに置いたキャビネットは、夫婦1つずつ。こずこずさんは本を収納し、ここからはみ出したら、処分します（写真上）。押し入れは洋服を吊るしてクローゼットに。

ベッドルームの押し入れをクローゼット代わりにし、上段左側にオールシーズン分の洋服をハンガーにかけています。靴下、ベルト、時計などの小物は、下部に置いた引き出しに収納。「衣替えは面倒なので、オールシーズンの洋服をここに入る分だけ。全て吊るして見やすく、取り出しやすくしています。今は、合計で30着ほどですが、徐々に減らしています。他にアウターが4着ほどありますが、玄関に収納場所を作って、そこに入れています」。

洋服はこずこずさんにとって、減らせないアイテム。もう着ないと思っても処分できないときは、目に触れない場所に置いておきます。なくても問題ないことがわかれば、自然に手放せるようになります。

収納・片づけのIDEA

防災用の食品はこのボックスに入る約2日分をストック。普段は、ふたをしめて、グリーンを飾る台にしています。

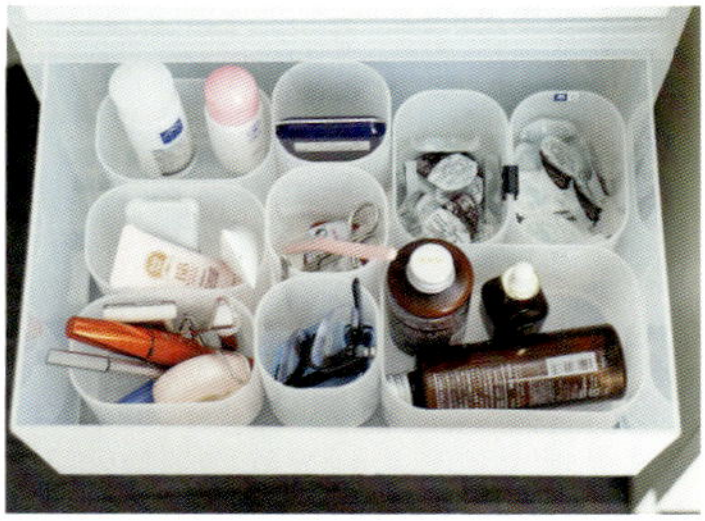

化粧品は、無印良品の引き出しをメイクボックスで仕切って。収納は最初に仕組みを作れば、あとは使ったら戻すだけです。

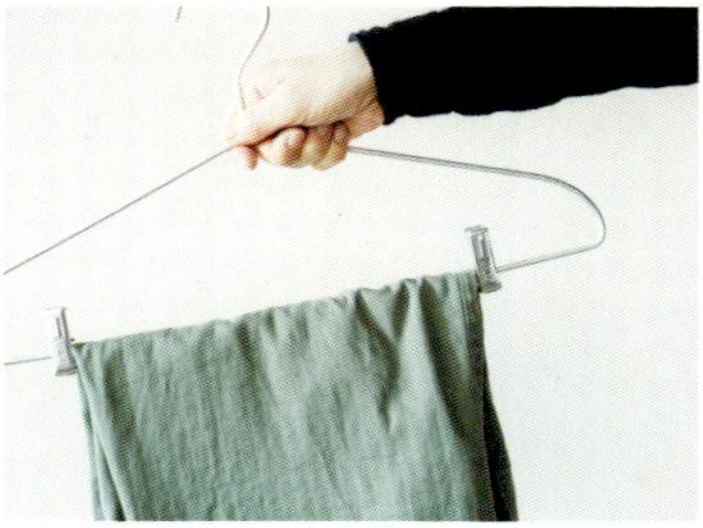

パンツは、ハンガーからすべらないようにピンチを活用。洋服のサイズに合わせて、ピンチをずらせばいいので便利です。

玄関に下駄箱がなかったので、置きたい場所のサイズに合った本棚を購入。引っ越すことになったら、別の用途でも使えます。

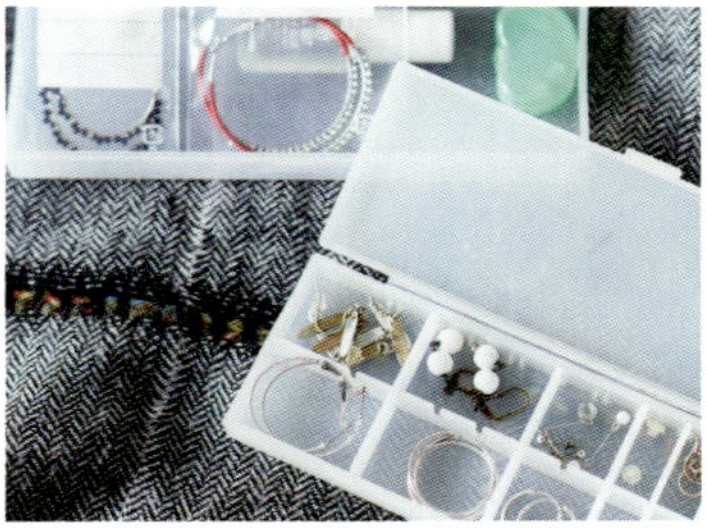

大好きなピアスは我慢せずに買ってもいいルールに。そういうアイテムがあれば、ときどき起こる買いたい欲求を解消できます。

洗濯用の洗剤と柔軟剤はエコベールに決めています。定番化すると、なんとなく買いがなくなり、ストックも必要最低限になります。

PROFILE

かみて理恵子さん

第二の人生空間をつくる研究家。「収めるしくみ研究所」主宰。ライフオーガナイザーとしてコンサルティングや片づけサポートを行っている。
www.osamerulab.com

収納上手な家

46㎡

88㎡から46㎡へ。ダウンサイジングしても心地よく

銀座に歩いて行ける都心のマンションが、かみて理恵子さんのお宅です。「今から13年程前に、夫とリタイア後を考えて、都心に引っ越しをしようと決めました。そのときは、千葉のマンションに住んでいました。アウトドア派ではないので、今後は都心のほうが便利だと考えたのです」とかみてさん。そのころ、ご夫婦二人とも会社員で出張があった上、旅行好きなため、成田空港にも羽田空港にも近い中間地点として、中央区がいいかなと思ったそうです。

いくつか見に行った中に今の家があったのですが、間取り図では最下位候補。でも、実際に見てみたら、隣がくっついていない立地条件、使いやすい間取りなど、広さ以外は理想通りでした。「前の家は88㎡だったので、広さはほぼ半分に。引っ越しにあたり、ものと向き合って要不要を判断し、ものを減らしました」。

LIVING&DINING

KITCHEN

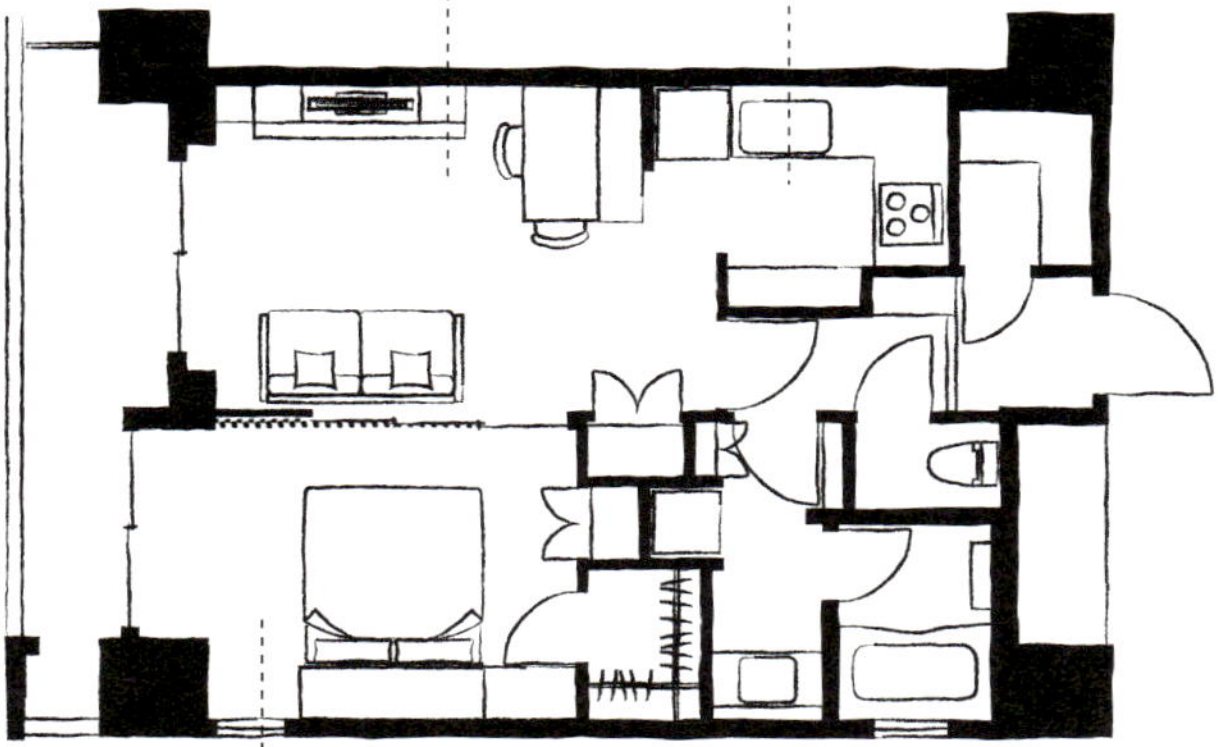

BEDROOM

HOUSE DATA

マンション

1LDK・46㎡

持ち家

二人暮らし

中央区

リビング＆ダイニングの隣がベッドルームという、1LDKのシンプルな間取りです。テレビ台は、収納力のある造作家具です。

テレビ台の戸を開けると、書類などが、取り出しやすいようにケースを使い、立てて収納されていました。

かみてさんは片づけが苦手で、コンプレックスだったことも。だからこそ、お客さまの気持ちもよくわかるそう。

現在、かみてさんは、収納・片づけのプロとして活動をしていますが、子どものころから片づけが苦手でした。コンパクトな家に引っ越したあと、会社を退社して時間ができました。引っ越し時に、ものの取捨選択をしたとはいえ、もっとスッキリさせたい。今まで避けていた片づけに向い合う機会かと思い、ライフオーガナイザーの講座を受けました。すると、収納の仕組みがわかり、片づけられるように。今までの心のモヤモヤがサッと晴れたそうです。

「もし、私が忙しい会社員時代に片づけサービスのことを知っていたら、受けたかもしれない。そう考えて、プロとして起業しました。収納は最初の仕組み作りが大切なので、それをプロといっしょにやれば、あとはラクに片づけられます」。実際のお客様は、40～50代の働く女性が多いのですが、中には画家やライターなどクリエーターの方も。資料や作品の整理などをお願いされるそうです。

かみてさんのお宅を見せていただくと、造作家具があることに気がつきました。「狭くてスペースはムダにできないので、置きたい場所にピッタリサイズの収納家具が必要になります。探すには労力がかかると考え、入居するときに、ドイツで生まれたシステムオーダー家具・ip20で収納を作りました。新しく家具を買う代わりに、ピッタリの収納家具をオーダーしたわけです」。

BEDROOM

好きなものは たくさんあってもいい

ベッドルームはベッドとその上の収納、鏡を扉にした収納は、オーダーで作りました。「引っ越し前に使っていたベッドはサイズが大きすぎて、この家には入らなかったのです。せっかく買い替えるなら収納家具といっしょにオーダーすることにし、ベッド下収納も作りました」。

かみてさんは、自分にとって「好きなもの」は手放さなくていいと、考えています。例えば、バッグが大好き。使っていなくても、眺めているだけでうれしいものはとっておきます。「全てのものにしまう場所を作ることが大切ですね。ベッドルームの収納の一部をバッグの場所にしています。一方で、ストックは持たない少量のものがあるなど、持ち方にメリハリをつけています」。

さらに、都心に引っ越してきてから、元々好きだった歌舞伎観賞に、着物で出かけるようになりました。着物を頻繁に着るようになり、着物が少しずつ増えてきました。収納スペースは決まっているので、着物が増えたら、洋服を減らすしかありません。

「年齢とともに、自分にとっての好きなものが変わります。そのときは、収納を変えればいいのです。私は、コンパクトな家に引っ越して、常に〝今、何が大切か〟を考えるようになりました。大切なものをとっておけるなら、他は手放してもいいんです。自分のライフスタイルを見直すきっかけになっています」。

スッキリしたベッド周り。ベッド上の棚は、右2つはご主人、左3つはかみてさんのスペース。

使いやすくムダのない収納。ベッド下収納には、普段着のひき出しの隣に、日常着る着物がありました（写真右下）。ご主人の洋服を置くスペースも、追加でオーダー（写真上）。

引っ越しから13年。試行錯誤した、ものとのつき合い方

ダイニング部分とキッチンとの仕切りは、元々あった棚をアレンジして、左は本棚、右はご主人のお酒の棚に。本もお酒もさっと取れて、テーブルで楽しめます。スペースを広く使うために、普段はテーブルを寄せていますが、来客時には移動し、テーブル下のスタッキングしている椅子をセットします。

「本は大好きなのですが、棚からはみ出ないようにしています。繰り返して読むもの以外は、ネットの古本募金などに寄付しています」。

少し前に、借りていたトランクルームを解約したそう。引っ越し時にものは整理したとはいえ、本、礼服、スーツケースなど家の収納からはみ出しそうなものを保管。「どうしても減らせないときは、トランクルームのような一時置き場に保管するのも手。ときどき眺めてみると、徐々に要不要がわかってきます」。住まいをスッキリさせるための苦肉の策でしたが、必要なものを見極める時間が持てました。解約までに時間はかかりましたが、必要な期間だったのです。

仕切りも壁ではなく、収納棚に。スペースをムダにしないアイデアです。

収納・片づけのIDEA

不要になり、人にあげたり、売るなどする予定のものは、このカゴにまとめて入れておきます。リビングの収納の中がカゴの定位置です。

引き出し式は取り出しやすくて便利。もとはシンク下用でしたが、リビングの収納にピッタリサイズだったので、薬入れに活用。

たとう紙のサイズにピッタリだったリビングの収納に、帯をしまっています。ラベリングして、見やすく便利に。

カセットコンロは、キッチンではなく使う場所であるリビングの収納に。余っていたふたを使って、引き出しやすく。

洗面所のアクセサリーとミニタオルの収納は、透明なアクリルケースを使って、見やすく。身支度の時間が短縮できます。

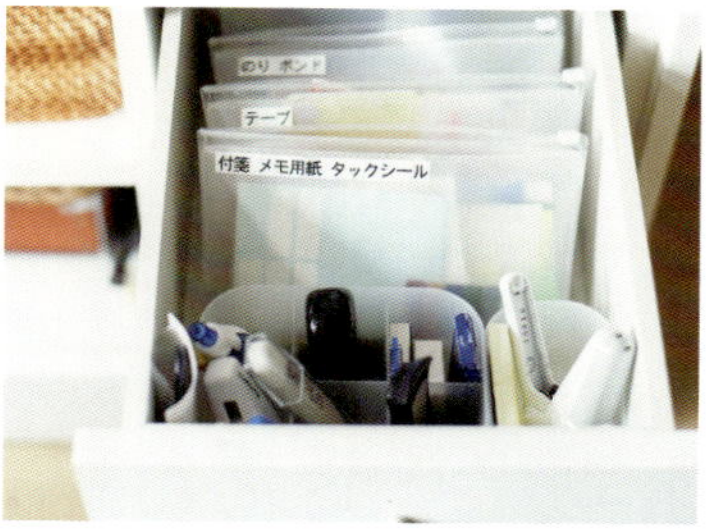

テレビ台の収納に文房具を入れています。ファスナーつきケースに分野別にしまい、ラベルをつけました。そのまま持ち運びができます。

収納上手な家

18㎡

収納は自分と向き合うこと。不便を感じたら早めに変更を

PROFILE

komugiさん

整理収納アドバイザー。18㎡の家での工夫を綴ったブログ「ボンビーハッピー」も人気。猫のルークといっしょに暮らす。

http://bonb-happy.blog.jp

日比谷線の北千住駅からほど近くに住むkomugiさんのお宅は、取材した中で最もコンパクトでした。勤めていた会社が日比谷線沿線にあり、直通で通える場所で探したら、最寄り駅から近く、買い物にも便利なこの家に出合いました。「私は部屋が広くなると、その分ものが増えるタイプなので、コンパクトなほうがいいんです。家賃を抑えられるのも、選んだ理由の一つですね」。

小さい部屋のインテリアや収納の工夫をブログで発信しているkomugiさん。部屋を整えているうちに、インテリアの前に収納を見直すことが大切だと考えました。そこで、整理収納アドバイザーに資格を習得し、会社を辞めて活動をスタートさせました。「元々、片づけは面倒だなと考えていたほう。でも、勉強したら収納や片づけのおもしろさがわかって、仕事にしたいと思いました」。

LIVING&BEDROOM

HOUSE DATA

マンション

1K・18㎡

賃貸

一人暮らし

足立区

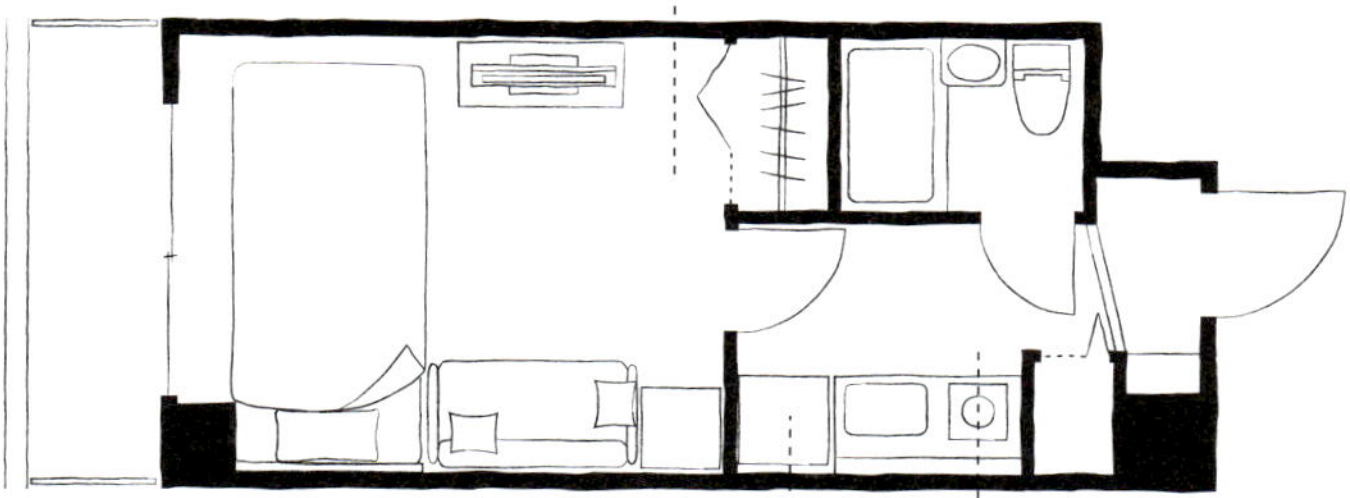

LAUNDRY SPACE

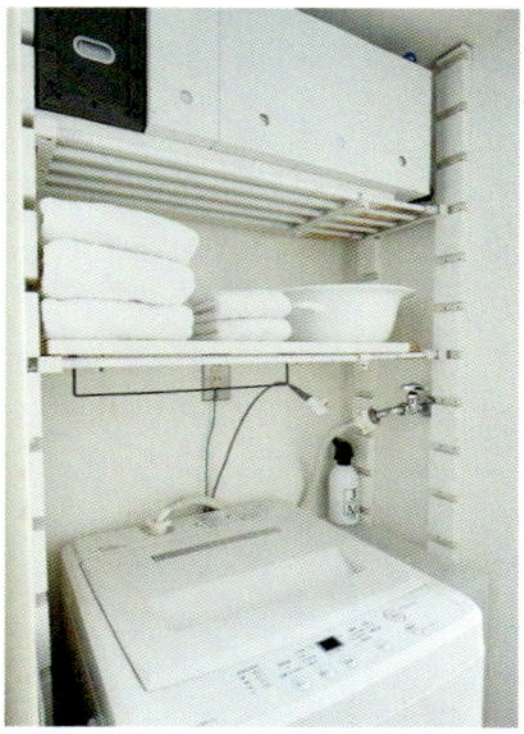

KITCHEN

ソファとベッドがあっても、圧迫感がなく居心地いい空間に。床にはフローリングマットを敷いています。

猫のルークと暮らし始めて10年以上。楽しいときも辛いときもいっしょにいてくれる、人生の相棒のような存在です。

komugiさんの部屋には、程よいサイズのソファとベッドが置かれていました。「ソファは一人がけを持っていたのですが、のんびりくつろぎたかったので、買い替えました。ソファを選ぶときに、重視したのはサイズです。小さいとくつろげないし、大きいと部屋が狭くなります。幅133cm奥行き70cm高さ70cmのカリモク60に出合い、理想通りだったので購入しました」。

ちょうど、インテリアの好みが、ナチュラルから、落ち着いたマニッシュなものへと変わりつつあったので、色は黒を選びました。素材がビニールレザーなのも、猫に爪でカリカリされなくていいかなと思ったそう。

このソファを取り入れたのを機に、部屋の収納とインテリアを変更中です。以前は、部屋の壁に白い有孔ボードを設置して、時計をかけたり棚を取りつけたりして見せる収納にしていました。「有孔ボードで壁面利用をしていましたが、圧迫感があると思うようになり、今は1カ所だけ残して他は取り外しました。収納もインテリアも一度決めたら終わりではなく、不便を感じたり好みでなくなったら、変更するのがいいと思います」。

心がけているのは、ものを増やさないこと。常にものと向き合って、要不要を判断します。「ものと向き合うとは、つまり自分と向き合うこと。それがわかったら、収納がおもしろくなりました」。

LIVING&BEDROOM

少ないものを機能的に。見せる収納と隠す収納

クローゼットは引き出しとボックスを利用してシンプルに。余裕のある隠す収納にしています。

有孔ボードは、1カ所だけなら圧迫感もなく壁面収納に便利。ものは少なめにして見せる収納。

必要な要素がぎゅっと詰まった部屋は、収納の工夫がありました。壁に設置した有孔ボードには、棚をつけてブログ撮影用カメラ、小銭用貯金箱、鏡などを置き、掃除機、ダスターをひっかけました。どれもよく使うもので、必要なときにサッと出せます。見せる収納でも大丈夫なように、お気に入りを並べています。

唯一の小さなクローゼットには、オールシーズン分の洋服を入れています。「洋服はここしか入れる場所がないので、これ以上は増やしません。ワンシーズンで6コーディネートあれば、乗り切れます。洋服が処分できないときは、単体ではなくコーディネートで考えると要不要の判断がつきやすいですね」。

収納・片づけのIDEA

ユニットシェルフの3段目。アンカーホッキングのガラスのジャーには、お米を入れています。引き出しを組み合わせて、小さいものを収納。

キッチンと玄関の間にある収納には、無印良品のユニットシェルフを組み合わせました。1段目はお茶コーナーとしてまとめています。

リビングのテレビ台は、収納しやすいように引き出しやボックスで細かく仕切っています。全て無印良品でそろえました。

ユニットシェルフの3段目の引き出しの上に、カトラリーをケースに入れて収納。ケースが奥に入らないように、ピンチをストッパーに。

洗濯機上の空きスペースは、支柱で棚を作りました。白で統一して、黒を差し色に。タオルはセブン-イレブン、たらいは野田琺瑯のもの。

リビングにある、猫のルークのご飯のコーナー。3段の引き出しには、災害などに備え、ルークのご飯が少し多めにストックされていました。

コンパクト暮らしが もっとうまくいくアイデア

コンパクト暮らしをしている13軒のお宅で、教えていただいたことをまとめました。実際の住まい方、インテリアや収納の工夫なので、できそうなことは取り入れてみましょう。

— COMPACT-LIFE MERIT —

コンパクトだからこその いいこと5

MERIT 1 住みたいエリアに住める

今回取材した方々は、都市部の住みたいエリアに住んでいました。どんな家に住むかの前に、どこに住むかも家選びの重要ポイントです。「仕事をするのに便利な場所を」、「子育てと仕事の両立のために実家の近くに」など、それぞれがライフスタイルに合った場所を選んでいました。家を選ぶときに、何か一つでも優先順位を下げれば、希望に近い家が見つかることも。場所を優先にして、広さを譲るのも、賢い選択の一つです。

MERIT 2

お金の不安が少なくなる

家賃や住宅ローンの住居費は、毎月の支出の中で大きな割合を占めます。必ず出ていく固定費なので、高めに設定すると負担になる可能性があります。コンパクトな家ならば、同じ条件の広い家よりも住居費を低く抑えることができます。皆さんからも「先が見えない時代だから、大きな住宅ローンは抱えたくない」、「住居費を抑えて、暮らしに余裕をもちたい」などの声がありました。家は人生最大の買い物ですが、家に縛られすぎないと、お金の不安が少なくなります。

MERIT 3

掃除がラク＆時短になる

どのお宅におじゃましても、掃除が行き届いて清潔感がありました。「毎朝、コーヒーの湯をわかしている間に、モップをかけます」、「拭き掃除が好きで、週末に必ずやります」、「猫がいるので、コードレス掃除機は出しっぱなしにして毎朝掃除」など、ライフスタイルに合わせた掃除法を実践していました。共通するのは、皆さんが「短時間で終わります」とおっしゃったことです。掃除がラクなコンパクト暮らしは、忙しい私たちに適した住まい方だと思います。

MERIT 4

家の隅々まで目が行き届く

スペースが狭いと、たくさんのものを置く余裕はありません。でも、取材した皆さんはそれをメリットととらえ、不要なものは減らし、必要なものだけを収納していました。そうすると、どこに何があるのかがわかり、家の隅々まで把握できるようになります。中には「入れるものがないから収納に余裕があります」という声も。収納が空いていても、余計なものを入れない姿勢は見習いたいもの。ものを増やさないことが、隅々まで目が行き届いた暮らしのポイントだと思います。

MERIT 5

家族との距離が近くなる

今まで、たくさんのお宅取材をしましたが、コンパクト暮らしの家族は、特に仲がいいのが印象的でした。家を選ぶときに、何を優先するかを家族とよく話し合っているからなのだと思いました。相手が広いほうがいいと考えていたら、成り立たない住まい方だからです。また、余分なものが置けないので、ものを購入するときもよく相談していました。「一人になりたいときは外のカフェに行ってもいい」という声もあり、程よい距離感の保ち方にも工夫がありそうです。

FURNITURE

コンパクトならではの家具とのつき合い方

圧迫感がない選び方は？

コンパクト暮らしのお宅に置いてある家具には、共通点がありました。まずは、背が低いこと。圧迫感がなく、視界を遮りません。そして、脚がついていること。床が見えていると、空間が広く感じます。また、棚などの戸がガラスで中が見えていると、圧迫感が少ないです。戸がない棚にも、同じ印象をもちました。この場合は、見せる収納としての棚の中の見ためも大切になります。

そして、家具の奥行きが狭いものは、幅が広くてもスペースをとりません。例外もありますが、この4つのポイントを家具選びのときの参考に。一つでも効果が期待できますが、二つ以上組み合わされば、より圧迫感がなくなります。

家具選びのPOINT

- 背が低い
- 脚がついていて、床が見える
- 戸がガラス、または戸がない
- 奥行きが狭い

大きな家具は持つ？　持たない？

～取材した13軒の取材結果～

テレビ

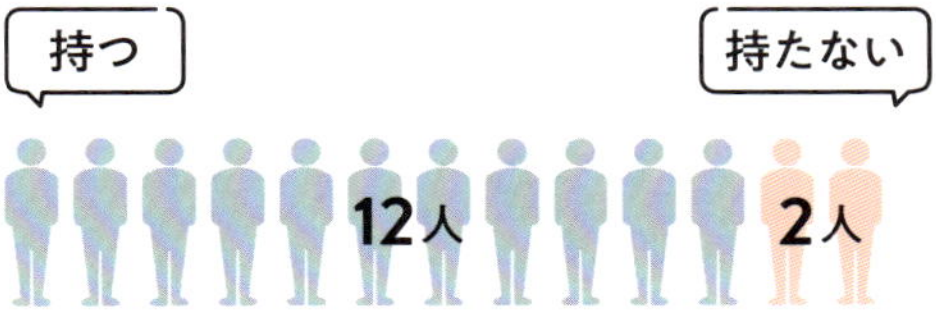

テレビは薄型で場所をとらないためか、ほとんどのお宅でありました。中には、「存在感がない小さいテレビ」、「持っているがテレビ中心のインテリアにはしない」という声もありました。

ソファ（2シーター以上）

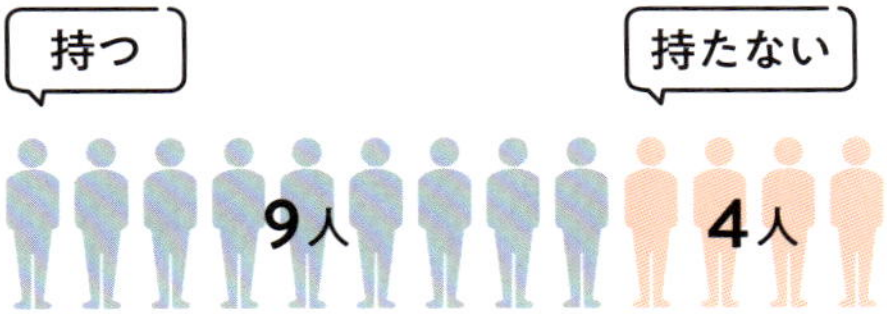

あるお宅が、意外に多いなという印象です。つまり、コンパクトであっても、大きめのソファは置けるということ。アームがない、またはアームが小さいなどコンパクトなソファを選んでいました。

ベッド

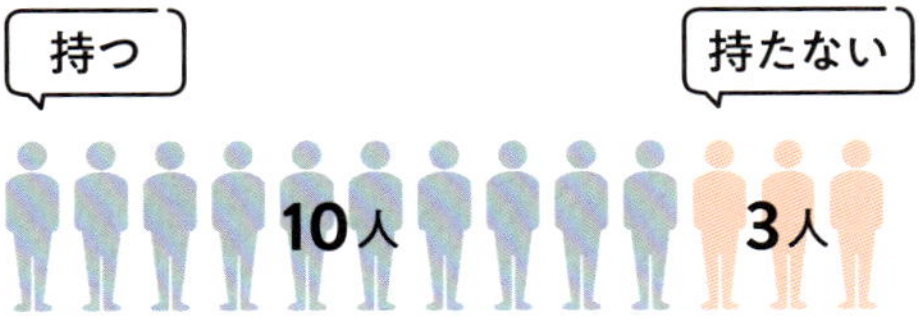

低めのベッド、収納つきベッドなど、コンパクトならではのセレクトポイントはあり。布団はしまう場所が必要になるので、「収納スペースに合わせて布団のサイズを決めた」という人も。

食器棚

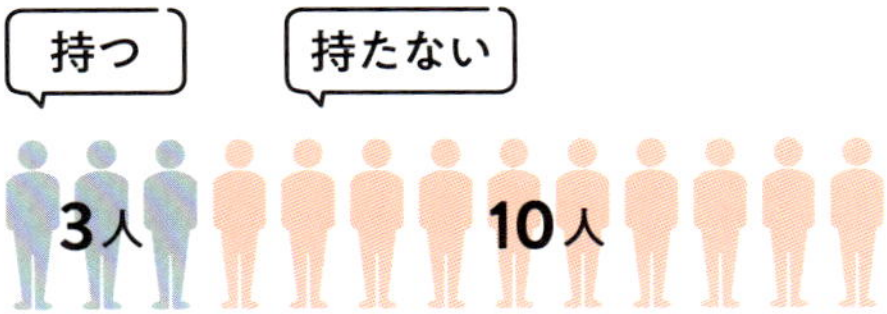

キッチンもコンパクトなので、食器棚はないお宅がほとんど。食器は吊り戸棚や引き出しに入れていました。収納スペースを小さくして、食器を増やさないようにしているお宅もありました。

INTERIOR

小さい部屋でも効果的インテリアのコツ

CHAIR

一人がけの椅子でコーナーを作る

コンパクトなお宅の多くは、一人がけの椅子を上手に活用していました。おしゃれなデザインのものを選べば、置くだけで、コーナーインテリアがランクアップ。クッション、照明、雑貨、ラグなどと組み合わせると、さらに雰囲気を盛り上げます。一人がけの椅子のいいところは、1脚ずつ手軽に置けること。模様替えもラクにできるし、圧迫感がなければ買い足すことも。そろってないのもおしゃれに見えます。

GREEN

グリーンは天井、棚、椅子を使う

グリーンを飾るとき、天井から吊るすと省スペースになります。ポトスなど葉が下に伸びてくるグリーンやエアプランツなど形がユニークなものが、インテリアに効果的です。高い棚の上から、下に垂れるように飾るのも素敵です。また、雑貨と組み合わせて棚の上に飾ったり、一人がけの椅子を台として活用も。床に大きなグリーンを置くと狭くなりますが、天井、棚、椅子などを利用すればコンパクトに見栄えよく飾れます。

COLUMN

やりすぎると狭く見える!

色を氾濫させない

どのお宅も、使用している色数は抑えめでした。さらに、選んでいる色も落ち着いたトーン。鮮やかな色を使うときは、ポイントとして少量だけ取り入れるのが鉄則です。

壁に飾りすぎない

側面の壁を利用すれば、スペースをとらずに飾れますが、やりすぎはNG。圧迫感が出て狭く見えることも。取材したお宅の壁は、思った以上にスッキリしていました。

LIGHTING

照明は省スペースのインテリアに

天井から下がっている照明は、場所をとらないインテリア・アイテム。雑貨を飾るなどインテリアを楽しむスペースはないので、照明のシェードを効果的に使います。「インテリアのアクセントにしたくて、雰囲気の違うシェードをプラス」、「大好きな作家さんのステンドグラスのシェードを使用」などのこだわりがありました。電球の色や照らし方などでも雰囲気が変わるので、注目したいアイテムです。

RUG

ラグをゾーン分けに活用する

ワンルームや1LDKなどのシンプルな間取りは、ゾーン分けをしたくなることがあります。間仕切りを置くと狭くなるので、緩く分けるにはラグを利用するのがおすすめ。例えば、ダイニングテーブル周りにラグを敷くと、ごはんを食べるスペースになり、気持ちの切り替えもできます。ラグの素材、色や柄によって、そのスペースの印象を変えることが可能なので、試してみましょう。

— STORAGE & REDUCE —

コンパクト暮らしの成功のカギ 収納&ものの減らし方

収納編 ❶

収納グッズは そろえて見栄えよく

収納の中も同じアイテムでそろえると、余分な空間ができず、スペースをムダなく使えます。ボックスやカゴの中までは整えなくてもいいので、ものを放り込むだけですみます。

収納編 ❷

見せる収納よりも 隠す収納を多めに

コンパクトなお宅の多くは、ものをなるべく外に出さないようにしていました。見せる収納と隠す収納は程よくあるのが理想ですが、迷ったら隠す収納が多めのほうがスッキリ見えます。

収納編 ❸

使う場所に ものの指定席を決める

リビングで使うものはリビングにと、使う場所ごとに収納を作ります。近くに戻す場所があれば、使ったらすぐに片づけることが可能。ものの出しっ放しを防ぐことができるのです。

収納編 ❹

詰め込みすぎず、 空間に余裕をもつ

「余裕があると、取り出しやすい」、「引き出しの中の余白は心の余裕に」など、空間にものを詰め込みすぎないメリットを聞きました。何が入っているかひと目で把握しやすいのもいい点です。

減らし方編 ❶

一つの用途しかないものは減らす

皆さんの発言で多かったのは「多用途のものを持つように」。例えば、鍋は鋳物製を持っている人が多く、ご飯も炊ける、調理もできる、食卓にそのまま出せるなど、色々使えて人気でした。

減らし方編 ❷

日常使うものの定番を決めておく

「洗剤の定番を決める」、「ラップはワンサイズしか使わない」など、定番を決めておくと、余計なものを買わなくなります。定番品だけのストックなら、場所もとらず収納もラク。

減らし方編 ❸

一つ買ったら、一つ処分する

シンプルなルールですが、ほとんどの人が実践。「新しいものを買うときに、処分するものを決めておくとスムーズ」との声あり。衝動買いがなくなって節約にもなるそうです。

減らし方編 ❹

ものの処分法の情報を集めておく

リサイクルショップ、ネットオークション、ネットのフリーマーケットなど、皆さんはものの処分法をよく調べて活用していました。色々な情報を集めておくと、思い立ったときにすぐに処分できます。

おわりに

取材がおわった後、インテリアや収納はもちろんですが、ものの減らし方、増やさないコツ、買い物の仕方など、それぞれのものとのつき合い方がおもしろいとも思いました。

自分自身の経験で思い出したことがあります。はじめて一人暮らしをしたのは20㎡ほどのコンパクトな部屋。狭いから少ないもので暮らし、実家に近かったので必要になったら取りに帰ればいいと思っていました。でもその後、何かを取りに実家に帰ったことは一度もありませんでした。「少ないものでも暮らせる」と、価値観が変わった経験だったのです。

取材した方々からも「はじめはものが少なくて大丈夫かなと思っていましたが、やってみたらすぐに慣れました」とか、「ものを増やさない暮らしが清々しくなって、もっと減らしたくなってきました」という話を聞きました。そこには、ものをたくさん置けない、コンパクト暮らしだからこその工夫があったのです。

これからは、たくさんのものを持つのではなく、気に入ったもの、必要なものを厳選して持つのが、心地よい暮らしの要になるのだと思いました。そんな観点からも、この本を読んでいただけたらうれしいです。

この本に関わってくださったみなさま、そして、手に取って読んでくださったみなさまに、心より感謝申し上げます。

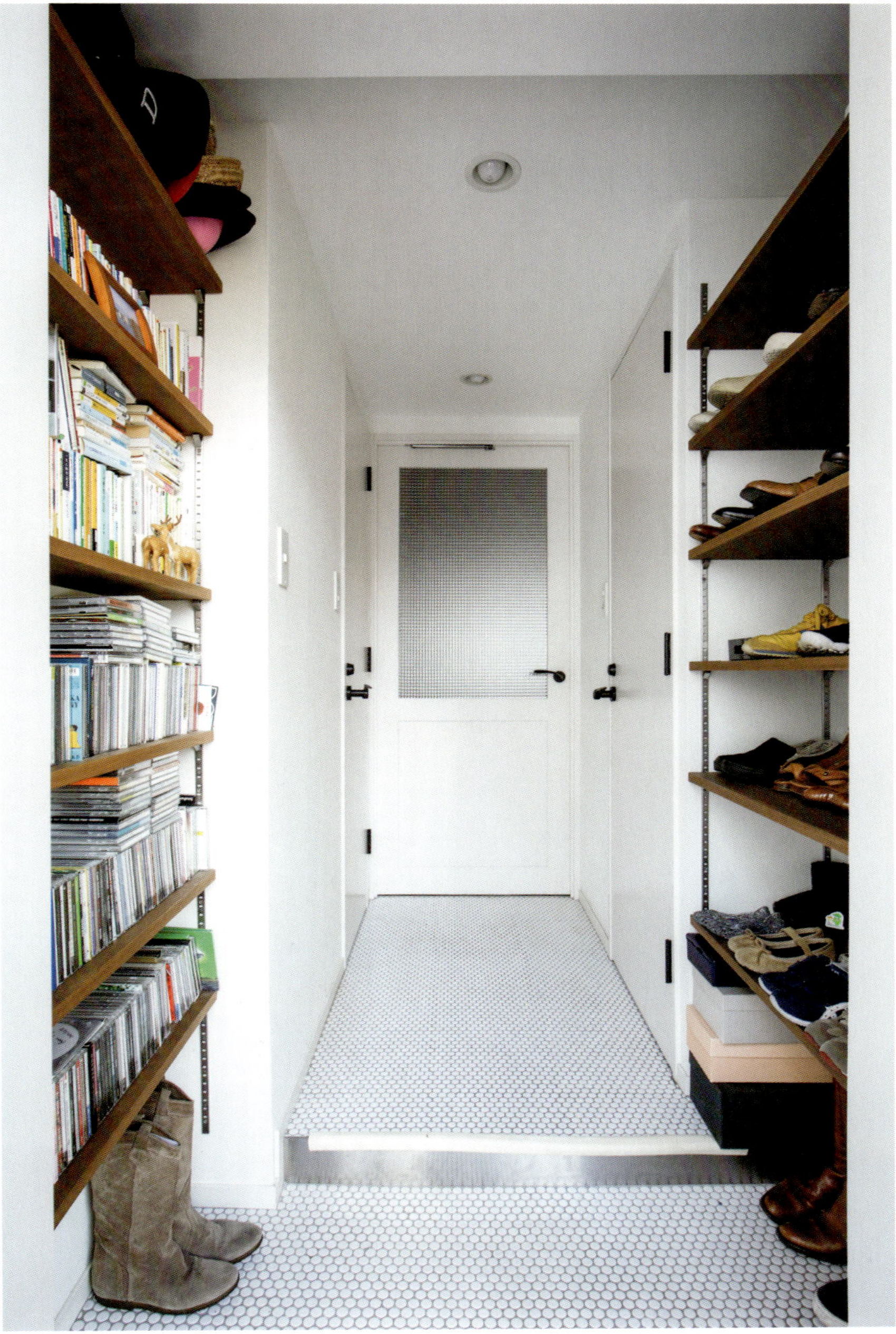

大橋史子
編集者・ライター。出版社で生活情報誌の編集を担当し、インテリア、収納、マネー、料理などのテーマで全国各地の読者を取材。現在「ペンギン企画室」に所属し、暮らし周りを中心に、雑誌、本、webなどで活動中。『猫と暮らすインテリア』(朝日新聞出版)の編集・ライティングを担当。
http://40s-style-magazine.com

STAFF

撮影　井上佐由紀(カバー、P3、PART1、P134～141、P143)
林ひろし(PART2、P140～141)

デザイン　菅谷真理子・髙橋朱里(マルサンカク)

間取りイラスト　長岡伸行

校正　本郷明子

企画・編集　端香里(朝日新聞出版　生活・文化編集部)

【取材協力】
リビタ　https://www.rebita.co.jp
MUJI HOUSE　https://www.muji.net/renovation/
佐々木達郎建築設計事務所　http://www.tatsurosasaki.com

55㎡までの心地《ここち》よい
コンパクト暮《く》らし

著　者　大橋史子
発行者　今田俊
発行所　朝日新聞出版
〒104-8011
東京都中央区築地5-3-2
電話 (03) 5541-8996 (編集)
(03) 5540-7793 (販売)

印刷所　大日本印刷株式会社

Published in Japan by Asahi Shimbun Publications Inc.
ISBN　978-4-02-333204-1